죄악 sin

죄악창6:5의 원어 '라아'는
'깨뜨리다, 상하게 하다, 쓸모없게 하다'에서 파생한 말로
하나님이 세우신 창조 질서를 어기는
인간의 모든 악한 행위를 뜻한다. 창39:9, 사47:10

악인이라도 자기가 저지른 모든 죄악에서 떠나 돌이켜서,
나의 율례를 다 지키고 법과 의를 실천하면,
그는 반드시 살고 죽지 않을 것이다

에스겔 18장 21절

iChurch 시대의 일곱 가지 치명적 죄악

지은이	조의완
초판발행	2012년 6월 29일
초판2쇄	2019년 3월 8일
펴낸이	배용하
책임편집	배용하
등록	제364-2008-000013호
펴낸곳	도서출판 대장간
	www.daejanggan.org
등록한곳	충남 논산시 매죽헌로 1176번길 8-54, 101호
대표전화	전화 041-742-1424 전송 0303-0959-1424
분류	기독교	실천신학	영성
IISBN	978-89-7071-263-5 (03230)

이 책은 저작권법에 의해 보호를 받는 출판물입니다.
기록된 형태의 허락 없이는 무단 전재와 복제를 금합니다.

 값 9,000원

iChurch 시대의 일곱 가지 치명적 죄악

조 의 완 지음

차 례
CONTENTS

1. 머리말 : 죄악에 대한 분투로의 초대 ● **11**

2. iChurch: 소비주의 시대 그리스도인의 자화상 ● **19**

3. 시기 ● **37**

4. 허영심 ● **57**

5. 분노 ● **77**

6. 나태 ● **95**

7. 탐욕 ● **113**

8. 탐식 ● **129**

9. 정욕 ● **147**

10. 맺음말 ● **163**

후주 ● **168**

1. 머리말 : 죄악에 대한 분투로의 초대

역사를 돌아보면, 마녀사냥, 노예제도, 홀로코스트 등과 같이 지금으로서는 도저히 이해할 수 없는 방식으로 인간을 이해하던 각 시대의 몰이해를 볼 수 있다. 이 같은 인간에 대한 몰이해는 어느 특정 시대의 사람들이 특별히 더 사악하다거나 더 무지했기 때문이 아니었다. 그들 역시 자신들의 시대에는 나름 객관적이며 냉철한 판단으로 살았을 것이다. 우리는 이 같은 역사적 경험들을 통해 특정인을 탓하기보다는 인간의 사고란 좀처럼 객관적이기 어렵다는 사실을 인정해야 한다. 그 시대에 당연시되는 세계관, 문화, 가치 등이 가감 없이 우리의 사고 체계 안에 자리 잡는 경우가 비일비재하다. 그래서 때론 한 사회의 구성원 전체가 바르게 보지 못하고, 바르게 사고하지 못하는 일들을 보게 되는 것이다.

이 같은 인간에 대한 몰이해는 지금 이 순간에도 여전히 진행형이다. 21세기를 살아가는 현대인들은 좀처럼 죄라는 용어를 쓰지 않는다. 약함, 위기, 실수, 성격 장애 등으로 설명할 뿐, 좀처럼 죄라는 용어는 쓰지 않는다. 세속화된 사회에서 죄란 법정 용어에 불과하다. 그러나 이 같은 현상은 교회 안에서도 나타나고 있다. 감정을 고조시키고, 호소하는 찬양의 열정과 멀티미디어의 세련됨은 현대 예배를 훨씬 역동적으로 만들어 주고 있지만, 거기에는 좀처럼 죄인의 고백을 위한 자리를 찾아보기 어렵다. 죄의 고백은 생략되거나 기껏해야 다음으로 이어질 순서들을 위한 간단한 절차에 불과하다. 죄와 그로 말미암은 고통에 대한 말씀은 이제 먼지 묻은 상품이 돼버렸다. 대신 꿈, 비전, 긍정의 언어, 치유, 아름다운 가정생활, 성공적인 삶 등과 같은 말씀들이 좋은 설교가의 단골 메뉴가 되고 있다. 우리는 죄 대신 상한 감정을 더 많이 내세우며, 자기연민에 빠지거나 죄 대신 실수 혹은 실패라 표현함으로 마지막 순간까지 동정을 받으려 한다. 유행처럼 대부분 교회가 비전, 꿈, 확장 등을 목표로 한 미션 선언문을 보란 듯이 걸어놓지만, 어느 교회도 죄에 대한 분투와 같은 주제를 주님의 몸 된 교회를 위한 사명으로 삼고 있지는 않다.

죄인으로서의 나는 현대 소비주의 문화 앞에서 오히려 더 많은 것을 선택할 수 있고, 누려야 하는 종교적 소비자로 당당히 자리 매김을 하고 있다. 더는 죄는 과거처럼 끙끙 앓아야 할 문제가 아니다. 현대의 그리스도인들에게 죄는 더는 수치스러운 것이 아닌, 자신을 더 사랑해야 할 심리학적인 어떤 결핍 내지는 상처로 변형되어 표현되고 있다. 한마디로 자기 연민에 의한 눈물과 감정의 북받침 정도가 오늘날 우리가 죄에 대해 그나마 가진 어떤 심상인지도 모른다.

이 책은 이처럼 성장과 효율, 참살이well-being와 멋짐, 개성과 선택의 자유 등이 강조되는 소비주의 사회에서 사라지는 죄에 대한 무딘 마음과 생각들을 깨뜨리려고 쓴 책이다. 우리가 사는 이 시대만큼 과거 교회사를 통해 인간의 죄가 가볍게 다루어졌던 시기는 아마 없을 것이다. 그 어느 시대보다 풍요로운 교회와 훈련된 리더들, 성숙한 성도들, 체계적인 신학 등이 죄의 문제를 말끔히 해결해 주었기 때문일까? 절대 그렇지 않다. 깊은 물일수록 고요하다고 했다. 죄의 강이 깊을수록 그 죄는 은밀하게 우리의 삶을 공략한다. 마귀는 소비주의 시대의 그리스도인들이야말로, 가장 다루기 쉬운 표적으로 여기고 있을지 모른다.

로마의 시인 호라티우스는 일찍이 "덕은 악덕으로부터 도망하는 데서 시작된다"고 말한 바 있다. 최후의 청교도 신학자라 일컬어지는 존 오웬은 매일의 삶에서 죄 죽이기의 중대함을 강조하면서 다음과 같이 권면 한 바 있다. "여러분은 죄를 죽이고 있습니까? 죄 죽이기를 매일의 일로 삼고 있습니까? 살아 있는 동안에 항상 그 일을 해야 합니다. 이 일을 하루도 쉬지 마십시오. 죄 죽이는 일을 계속 하십시오. 그렇지 않으면 죄가 여러분을 죽일 것입니다. 여러분이 그리스도와 함께 죽었고 그리스도와 함께 다시 살았다는 사실을 이 일을 하지 않아도 될 구실로 삼지 마십시오."1)

너무도 당연한 이야기 같지만, 소비주의 시대의 그리스도인들은 종종 이 같은 상식적인 사실도 잊은 채, 신앙생활 해 나가기에 여념이 없다. 매일의 삶에서 죄에 대한 분투를 등한시하는 대신, 그들은 오늘 새로 나온 기독교 신상품들을 찾아다니느라 정신이 없다. 그리고 다양한 신상품들을 선택하고, 소유하는 것으로 그들은 자신들의 신앙이 더 좋아졌다고 생각한다. 한마디로 소비주의 시대의 그리스도인들은 종교적 소비자가 되어버린 것이다.

바른 영성을 위한 여러 신앙의 훈련들은 시중에 많이 소개되었다. 어쩌면 이미 소개된 그것들만 제대로 소화한다 해도, 신앙인들의 삶은 하나님 보시기에 훨씬 더 아름다운 모습으로 성숙해질 것이다. 그러나 내면의 죄악 된 습관들과 생각들의 뿌리가 뽑히지 않는 한, 아무리 많은 영성의 씨앗들이 뿌려진들, 우리 각자의 마음의 밭은 결코 뿌린 대로 거두어지는 그런 옥토가 되어주지는 못할 것이다. 오히려 열심은 늘 있고, 꾸준히 배우는 것은 많은데도, 그 마음과 생각과 태도와 삶은 제자리걸음인 그리스도인들이 점점 많아질지 모른다. 이 책은 그런 면들을 보완하려는 의도가 있다. 우리 죄의 뿌리를 알고, 우리의 생각과 태도,

삶의 방식 등에서 온전히 죄악과 분투하는 삶을 살도록 독자들을 초대하려 한다.

죄에 대해 이전 시대의 신앙의 선배들은 우리보다 훨씬 더 많이 고심을 했고, 삶의 많은 시간을 할애했다. 그리고 그들에 의해 오늘날 인간에게 가장 치명적인 죄악이라 여겨지는 일곱 가지 죄악들의 목록이 전해지고 있다. 치명적인 일곱 가지 죄악seven critical sins은 시대마다 약간씩 그 목록들이 변했지만, 이 책은 토마스 아퀴나스가 나열한 시기, 분노, 게으름, 헛된 영화, 탐욕, 탐식, 정욕의 일곱 가지 죄악의 목록들을 중점적으로 다룰 것이다. 여기서 제외된 교만의 경우는, 그것이 덜 중요해서가 아니라, 반대로 이들 일곱 가지 치명적 죄악들 모두의 뿌리 역할을 한다는 점에서 언급하지 않았다. 그러나 각각의 치명적 죄악들의 근원이 교만인 점을 기억한다면, 결국 이 책은 하나님을 거역하는 인간의 교만의 죄악에 대한 세부적인 묘사라 해도 좋을 것이다.

이들 일곱 가지 죄악들이 치명적이라는 것은 탐욕이나 게으름이 즉각적으로 우리를 죽음에 이르게 하는 돌이킬 수 없는 죄악이라는 의미가 아니라, 이들 죄악이 다른 더 큰 죄악 된 행위들을 유발하는 근원적인 죄악이라는 점에서 치명적이다는 것이다. 가톨릭의 경우, 이들 일곱 가지 죄악을 "죽음에 이르게 하는 죄악들"deadly sins이라는 보다 직설적이고, 극단적인 해악을 강조하지만, 십자가의 구속을 강조하는 개신교는 상대적으로 완화된 형태의 표현인 "중대한 죄악들"critical sins이라는 표현을 써 왔다. 그러나 어감상 그 심각성이 지나치게 약화된 듯한 인상을 주기에, 이 책에서는 "치명적"이라는 번역으로 대신 한다.

 엄밀하게 말해서 치명적인 일곱 가지 죄악은 죄악 된 행위가 아닌 죄악 된 생각에 대한 묘사다. 예를 들자면, 탐식이라는 죄악은 실제로 많이 먹는 문제가 아니라, 먹는 것에 대해 과도하게 집착하는 마음과 생각의 죄악이다. 그것은 주께서도 산상설교에서 말씀하신바, 그 마음에 음욕을 품는 자마다 간음한 자라고 말씀하신 것과 같은 맥락이다. 이후에 언급하는 내용에서도 편의상 죄악이라는 표현을 주로 쓰겠지만, 그 실제적 의미는 죄악 된 마음 혹은 생각임을 밝히는 바이다.

 죄악된 생각는 보편적으로 인간 모두에게 있는 것이지만, 동시에 특정한 죄악들은 특정한 시대적 상황성과 결부되어 있다. 그런 점에서 저자는 3~9장을 통해 사막의 교부들과 중세 신학자들이 중요하게 다루었던 일곱 가지 치명적인 죄악들을 소비주의적 관점에서 재조명할 것이다. 이를 위해 2장에서는 본격적으로 일곱 가지 치명적 죄악들에 대한 이야기로 들어가기에 앞서 소비주의 시대의 기독교가 처한 특수한 상황에 대해 소비주의적 방식에 길든 세대의 기독교 신앙을 의미하는 "iChurch"라는 용어를 통해 먼저 살펴볼 것이다. 소비주의 문화에 폐허나 문제점 등에 대해 생소한 독자들에게는 좋은 길잡이가 되어 줄 것이다. 아울러 iChurch로서의 현대 그리스도인의 자화상을 이해할 때, 우리는 좀 더 일곱 가지 치명적 죄악들과 분투해야 하는 우리 자신의 현 상황의 심각성을 제대로 인식할 수 있을 것이다.

이 책의 일차적인 목적은 현대 소비주의 시대에 무감각해지거나 정당화하기 쉬운 일곱 가지 치명적 죄악을 명명하며, 그것이 어떻게 현대 그리스도인들의 마음을 유혹하고 있는지 묘사하는 데 있음을 밝혀둔다. 초반에 언급한 것처럼, 우리가 객관적이라 믿는 세상이 거짓된 것임을 바로 폭로하는 일은 이후에 속개될 작업에 필수적인 선결과제라 할 수 있다. 소비주의 시대에 가려진 그리스도인들의 막힌 눈과 지성의 감각들을 깨우는 일은 그런 점에서 저자가 본 연구에서 우선으로 관심이 있는 작업이었음을 밝히는 바다.

물론 각 장의 말미에는 각각의 죄악들에서 돌이킬 수 있는 대안적 훈련이나 바른 관점들을 간략하게 소개하고 있지만, 각자의 삶에서 죄악들을 극복하는 길이 어느 하나로 정형화되거나 규격화될 수는 없다는 것이 저자의 생각이다. 오히려 죄악에 분투하는 각자의 여러 모양의 시행착오들이야말로, 벼랑 끝에서도 우직하게 그 푸른 기백을 잃지 않고 서 있는 소나무의 기백을 회복시켜 주리라 믿는다.

끝으로 저자는 일곱 가지 치명적 죄악과 관련된 자료들을 4~5세기 사막의 교부들이나 수도원의 수도사들로부터 주로 도움받았음을 밝힌다.[2] 이는 지금 말한 바처럼, 죄에 대해서는 그들만큼 전 생애를 걸쳐 정면승부 했던 이들이 없었기 때문이다. 아울러 이 책은 최근 토마스 아퀴나스의 일곱 가지 치명적 죄악을 재해석한 레베카 코닌디크 드 영의 책 *Glittering Vices: A New Look at the Seven Deadly Sins and Their Remedies*에서 많은 영감을 받았음을 알린다.

2. iChurch: 소비주의 시대 그리스도인의 자화상

효과: 디즈니랜드가 돼도 좋아!

대중적으로 스포트라이트를 받는 CEO, 정치인, 스포츠인, 예술가, 이슈메이커들 등과 같은 유명인들은 종종 기독교권 내에서도 인기 있는 '상품'이 된다. 목회자들은 설교를 통해 해당 설교 주제와 연관된 그들의 업적, 일화, 명언들을 예화로 소개하곤 한다. 문제는 그들의 신앙이 어떠한지, 그들의 도덕성이 어떠한지, 그들의 삶의 방식이 어떠한지는 좀처럼 깊게 검증되지 않는다는 데 있다. 그저 몇몇 매체들과 서적들에서 우연히 읽은 기사의 줄거리가 자신이 준비하는 설교 주제와 맞을 때는, '할렐루야'를 외치며 가위질을 한다. 하긴 매주 몇 편의 설교를 준비해야 하는 목회자로서는 이 같은 스크랩 자체도 상당히 벅찬 일일지 모른다. 그리고 그렇게 복음과 함께 인기 스타의 일화는 맛깔스럽게 단상 위에 차려진다.

　같은 그리스도인에게는 그토록 까다롭고, 작은 일에도 반목과 대립을 서슴지 않으면서도, 일면식도 없는 유명인들의 일화는 복음이라는 양념에 무쳐서 마치 모든 그리스도인이 지향해야 할 삶의 표본인양 포장되곤 하는 것이다. 대부분 그런 설교자들은 자신도 자신의 설교에 만족해한다. 시대에 뒤떨어지지 않고, 교인들 앞에 멋져 보이기에, 그들은 그런 패턴의 설교를 지속하게 된다. 성도들 편에서도 그런 설교는 세련돼 보인다. 하긴 그나마 준비 없이 열정만으로 선포되는 설교의 밋밋함이나 난감함에 비하면 훨씬 낫지 않은가. 그러나 분명히 오래 남는 잔상은 복음의 내용보다 그 인기 스타의 족적이 될 가능성이 크다. 말씀을 듣고 돌아온 성도는 다음날이면 성경본문이나 설교제목은 기억 못 할지 몰라도, 예화 속에 언급된 인물에 관한 책은 그 주간에 어디선가 열심히 찾아보고 있을지 모를 일이다. 한마디로 시너지 효과는 분명하지만, 그것은 세속적인 가치에 대한 열망과 뒤엉키기 쉽다.

　그러나 당혹스럽게도, 몇 개월 뒤 그 유명인의 돌이킬 수 없는 추락의 기사들이 연일 쏟아져 나오기 시작한다. 특정 주제를 갖고 유명인들을 복음의 메시지에 버금가는 모델로 끌어들였던 목사는 당혹스럽지 않을 수 없다. 겉으로는 허허 웃어넘길지 모르겠으나, 분명히 그는 불과 몇 개월 전에 자신이 전한 설교가 떠올라 등 뒤로 식은땀을 흘리고 있을지 모른다. 실례로, 골프 황제 타이거 우즈가 그런 예에 속한다. 미국은 물론, 한국의 목회자들에게 타이거 우즈가 성공하기까지의 과정들은 극적인 일화의 소재들로 가득했다. 그들 중 누구도 타이거 우즈의 문란했던 사생활에 대해서는 감히 짐작도 못 했을 것이다. 물론 알고 있었더라면, 그 누구도 타이거 우즈를 복음의 메시지와 어울리는 예로 소개하지는 않았을 것이다. 실제로 과거와 비교할 때, 요사이 타이거 우즈가 설교의 소재로 올라오는 경우는 거의 없다. 올라온다 해도, 그것은 이전과는 전혀 다른 그의 성적 문란함과 관련된 비판적인 내용이 고작일 것이다.

예화 설교의 매력은 감동을 배가시킨다는 데 있다. 그러나 우리는 과연 무엇을 위한 감동인가를 다시금 생각해 볼 때가 됐다. 고객 만족을 위한 감동, 혹은 좋은 이야기꾼으로서의 목회자 스스로 자기 강화를 위한 감동이 아니었는지 가슴에 손을 얹고 생각해 볼 일이다. 같은 연설을 해도, 청중이 경청하고, 함께 호흡하는 장면은 연설자에게 큰 힘이 되고, 자신감을 준다. 뭔가 해냈다는, 뭔가 여기서 공감대가 형성되고 있다는 생각에 보람까지 느끼게 된다. 그러나 연설과 복음증거는 애당초 격이 다르다. 복음은 설득과 공감이 목적이 아닌, 선포에 일차적인 목적이 있기 때문이다. 따라서 일반 의사전달의 원리로만 복음을 전하려 한다면, 우리는 복음의 순도를 훼손시킬 위험이 다분하다.

무엇보다 세속적 기준으로 성공했다는 유명인들을 무작위로 설교 메시지 안에 끌어들이는 작업 이면에는 '성공주의 신학'의 그림자가 드리워져 있다. 세속적 성공과 복음의 교묘한 조합을 허락하는 이 같은 예화는 '예수 믿으면 성공한다'는 말을 직설적으로 내뱉지 않아도, 암암리에 성도들에게 그 같은 메시지를 주입시키고, 실제로 성도들은 그렇게 자신들의 삶에서 '나도 그 유명인 누구처럼 돼야지'라는 한참이나 본문에서 벗어난 적용점을 찾아가게 한다.

주님의 공생애 사역은 인류를 구원하시기 위한 계획으로서는 꽤 짧은 기간 내에 이루어졌다. 공관복음서는 공생애 사역 기간을 1년으로, 요한복음에서는 3년의 기간으로 가늠하고 있다. 인류를 구원하시려는 계획, 그것을 위해 아기 예수로 오셔서 30여 년을 기다리며 준비해 온 메시아의 활동 기간으로는 참 허망할 만큼 짧은 시간이다. 그러나 더 놀라운 사실은 그 짧은 사역 기간 내에 활동하신 주님의 사역 무대다. 주님은 갈릴리와 같은 이스라엘의 변방을 주 사역 무대로 삼고 활동하셨다. 신약 성서학자들은 주님의 사역 동선을 연구하며, 그것은 우연이 아닌 고의적인 루트였을 것이라는 결론을 내린다. 실제로 이 같은 학자들의 견해는, 평소 주님의 가르침과 생활방식을 고려한다면 개연성이 있는 결론이다. 주님께서는 당대의 유명하다는 화려한 도시들과 건축들을 비켜 가셨다. 그뿐만 아니라, 여러 가르침을 통해서도 주님께서는 결코 로마-이스라엘의 주류 세계의 사람들에 대한 이야기로 군중을 설득하려 하지 않으셨다. 도리어 당대의 화려한 건축들에 예수의 눈길을 돌리게 하려는 제자들의 다가섬에 대해 주님께서는 단호히 선을 그으셨다.

> "예수께서 성전에서 나가실 때에 제자 중 하나가 가로되 선생님이여 보소서 이 돌들이 어떠하며 이 건물들이 어떠하니이까 예수께서 이르시되 네가 이 큰 건물들을 보느냐 돌 하나도 돌 위에 남지 않고 다 무너뜨려지리라" 막13.1-2

세속적인 성공의 가치를 드러내는 인물, 사건, 건축 등을 통해 공감대를 형성하는 예화는 고사하고 대신 주님께서는 겨자씨, 소금, 누룩, 포도, 어린 양 등 일상적인 삶의 소재들, 그러나 좀처럼 포착하기 어려운 소재들을 끌어들여 전복된 가치관을 드러내는 복음을 설명하셨다. 그것이 주님의 말씀 속에 깃든 감동이라면 감동이고, 설득이라면 설득일 수 있을 것이다.

한마디로 예수는 그 짧은 사역기간에도 불구하고 애당초 대중적 효과에 그다지 연연하지 않으셨던 것 같다. 다만, 예수는 복음의 본질로 승부를 겨루심으로 많은 사람을 당황케 하셨다. 그러나 현대의 교회는 어떠한가? 장황하게 설명한 설교의 예에서처럼, 현대 교회는 효과에 목을 매고 있다. 어떻게 하면, 성도들에게 감동을 주고, 세상 사람들에게 효과적인 영향을 주는가에 연연하고 있다. 때론 측은할 정도다. 그들은 효과를 위해, 정도正道를 포기하기도 한다. 때론 복음과는 상관없는 것들이 예배 가운데 들어오기도 한다. 하나님나라와는 무관한 잔치가 벌어지기도 한다. 효과만 줄 수 있다면, 교회가 디즈니랜드가 된들 아쉬울 것이 없다.

치약과 iChurch

효과는 양과 속도에 대한 말이다. 얼마나 짧은 시간 안에 원하는 많은 결과를 가져오느냐가 효과의 논리다. 그것은 교회 이전에 현대 소비주의 시장의 생존 법칙이기도 하다. 수많은 제품이 경쟁하는 시장에서 살아남는 길은 효과다. 욕심 많은 자본주의 시장은 한가롭게 기다려주지 않는다. 30초 광고를 통해 잠재적인 구매자들에게 강렬한 인상을 남겨야만 한다. 빨리 효과를 거두지 못하면, 도태되고 그 자리를 잃게 되는 것이다. 그것은 이미 성공했다 하는 유명 기업들도 마찬가지다. 자본주의 시장의 수레바퀴는 멈추지 않는다. 어제의 효과로는 오늘의 생존을 보장할 수 없다. 살아남는 길은 새로운 효과를 주는 일이다.

리차드 핼버슨은 기독교 교회사를 다섯 개의 문장으로 명료하게 압축한 바 있다. "최초의 교회는 살아계신 그리스도를 중심으로 한 남성들과 여성들의 공동체였다. 그 후 교회는 그리스로 건너가 철학이 되었다. 그 후 교회는 로마로 건너가 기관이 되었다. 다음으로, 교회는 유럽을 건너가 문화가 되었다. 그리고 마지막으로 교회는 미국으로 건너와 기업이 되었다."3) 그렇다. 현대의 교회는 자본주의 시장의 한 칸을 차지하는 또 다른 기업이 되었다. 그리고 거기서 교회는 종교 소비자들을 끌어들일 새로운 충격을 주려고 안간힘을 쓰고 있다. 어제의 영화는 중요하지 않다. 새로운 충격이 아니면, 밀리는 싸움이다.

상황이 이렇다 보니 성도들은 요즘처럼 신앙생활 하기 편한 때가 없다. 그것은 마트에서 치약을 사는 것과 같은 이치다. 1950-60년대에는 좋든 싫든 치약업계를 호령하던 '럭키 치약' 하나만 썼던 때가 있었는데, 지금은 충치 예방 치약, 잇몸 질환 예방 치약, 구취 억제 치약, 치석 형성 억제 치약, 시린 이 완화 치약, 어린이용 치약 등 기능별로만 구분해도 종류가 많고, 기능별 경쟁사들의 치약의 종류도 모두 기억하기 어려울 정도다. 오늘날 소비자들은 더는 한 상표의 치약만을 구매해야 할 필요가 없게 된 것이다. 마찬가지로, 신앙생활을 위한 하나의 길은 오늘날 없다. 수많은 베스트셀러, 온라인이나 기독교 방송을 통해 접할 수 있는 유명 목회자들의 설교, 교회마다 특색 있는 주간 프로그램, 특별 집회, 그 외 각종 기독교 정보 매체들 등 전 시대에는 경험하지 못했던 영적 생활을 풍요롭게 해 줄 선택의 폭이 오늘날은 한없이 넓어졌다.

그러나 과연 기업으로서의 교회가 그 소비자들을 끌어들이려고 충격 강한 신상품들을 쏟아내는 현실은 우리의 영적 생활에 진정한 도움이 될까? 과연 수많은 치약이 나옴으로 우리의 치아는 전시대보다 훨씬 더 건강해진 걸까? 최근 갤럽 조사에 의하면, 미국인 96%가 하나님이나 우주적인 영을 믿는다고 답했다. 그리고 87%는 종교는 그들의 삶에서 어느 정도 중요하다고 답했다.4) 그러나 이 같은 현상은 실질적으로 특정종교에 대한 그들의 순종과 헌신을 이끌지는 않는다. 그들은 대부분 각자의 취향에 의해 종교를 "선택"하는 종교적 소비자들이기 때문이다. 그들은 결코 종교적 가르침을 명령이라고 생각지 않으며, 하나의 제안쯤으로 생각한다. 그들은 종교를 그들이 필요로 한 것을 얻을 수 있는 하나의 기회로 인식한다. 어떤 사람은 감정적인 만족을, 어떤 사람은 사회적인 관계를, 어떤 사람은 윤리적 지침을, 어떤 사람은 자녀교육을 위해 종교를 선택한다. 그야말로 종교기관은 안식, 평온, 영, 윤리, 교육을 위한 시장의 하나가 되어 버렸다.

선택이 신앙인의 권리가 되어버릴 때, 기독교 신앙에서 "제자도"는 그 설 자리를 잃어버린다. 수많은 프로그램과 강연, 부흥회 등에 구름처럼 몰리는 종교적 소비자들이 있다 하더라도, 그 가운데 진정으로 영적인 스승이나 공동체 앞에 자신을 포기하며, 순종과 충성으로 인내할 줄 아는 제자의 모습은 좀처럼 찾아보기 어렵다. 스카이 제타니는 이 같은 유형의 소비주의적 방식에 길든 세대의 기독교 신앙에 대해 '아이처치' iChurch라는 용어로 소개하고 있다.5) 과거에는 특정 노래를 들으려면, 그 노래가 포함된 음반을 모두 사야만 했다. 문제는 그 안에는 내가 듣고 싶어 하지 않는 노래들도 많다는 사실이다. 그러나 MP3 플레이어가 생산되면서, 소비자는 간편한 클릭으로 자신이 듣고 싶은 곡만을 선택하여 구매할 수 있게 되었다. 이제는 한 가수의 음반 전체를 구매할 필요가 없고, 여러 가수의 음악 중에서 내가 좋아하는 것만을 선별하여 구매, 소유할 수 있게 되었다. 그중에 애플사에서 생산한 아이팟iPod은 각종 MP3 플레이어들 가운데 현재 가장 높은 시장 점유율을 차지하고 있다. 이에 제타니는 현대 교인들의 신앙은 마치 아이팟과 같이 자기가 원하는 것만 선택하는 편리함과 소비주의로 점철된 iChurch와 같다는 표현을 쓴 것이다.

iChurch 시대의 그리스도인들은 원하는 방식의 훈련들을 스스로 선택하여, 찾아가며, 원하는 설교를 듣고, 원하는 교회의 프로그램으로 아이들을 보내고, 원하는 찬양집회에 참여하며, 원하는 부흥집회를 쫓아다닌다. 오늘날 한 교회에 오래 머무는 신자들이 줄어들고 소위 '메뚜기 신도들'이 느는 이유도 이같이 자신이 원하는 교회나 신앙의 도구들을 선택하는 iChurch 시대의 영향인지도 모른다.

숨은 기독교 Crypto-Christians

소비주의적 사고방식과 생활방식을 가진 iChurch 신앙인들이 늘어가고 있다는 사실은 소비주의 시대의 기독교가 변혁적이기보다는 종속적이라는 것을 드러낸다. 교회는 그 충격을 위해서라면, 세속 사회에서 성공한 마케팅의 원리를 기꺼이 배우려 한다. 예를 들자면, 스타벅스와 애플사가 어떻게 고객들의 바람을 만족하게 해주었는지를 교회가 보고 배워야 한다는 식이다. 지엠GM이 어떻게 그 경영에서 성공을 거두었고, 마이클 조던이 어떻게 세대를 초월한 스타가 되었으며, 타이거 우즈가 타이틀에 만족하지 않고 밤새 스윙 자세를 바꾼 이야기 따위가 군침 도는 이야기들이 되어 버린 것이다. 결국, 우리가 도요타를 팔던, 아메리카노를 팔던, 예수를 팔던 그것은 그다지 중요하지 않고, 좋은 세상의 원리라면 그것이 복음의 진리와 같다는 식이 되어버린 것이다.

오늘날 우리는 기독교 문화의 아이템들이 그 어느 때보다 풍성한 세대를 살아가고 있지만, 그것이 소비주의 문화를 흉내만 내는 것이라면, 비록 그것으로 이 세대에 '쿨'한 기독교가 될 수 있을지 몰라도, 결코 복음의 진리를 간직한 기독교일 수는 없을 것이다. 1549년 일본에 파송된 프란시스 제이비어 선교사가 기독교가톨릭를 일본에 소개했다. 그 선교사는 우리나라의 토마스 선교사와는 달리 그 출발이 순조로워서 초기에 30만에 이르는 성도들이 일본에 있었다고 한다. 그러던 중, 1641년 일본에도 기독교에 대한 핍박이 시작됐다. 선교사들을 추방하기 시작하고, 모든 그리스도인은 신도나 불교로 개종하여 집회에 참여하도록 의무화되었다. 이를 거절한 자들에게는 핍박과 순교가 기다리고 있었다. 일본의 그리스도인들은 여기서 전략적인 방법을 쓴다. 즉 표면적으로는 신도나 불교로 개종하고 법회 등에 참여하되, 내면적으로 기독교적 신앙을 간직하며 지내자는 것이었다. 이것이 일본어로 "카쿠루"Kakure로 불리는 "숨은 그리스도인들"이 태동하게 된 배경이다. 구체적으로 그들의 전략은 일본 종교의 옷을 그대로 입은 채로 기독교적 신앙을 간직하며 살아가는 것이었다. 그들은 불상 아래 그들만이 아는 기독교적 그림이나 상징을 새겨놓는다거나 교묘하게 얼굴만 마리아나 성인의 모습으로 변질시킨 불상을 놓아둠으로 핍박을 피해 비밀스럽게 자신들의 신앙을 유지하려 했다. 성경도 발각될 위험 때문에 구전 형태로만 전수되었다고 한다.6)

안타깝게도 그로부터 수세기가 지난 오늘날 그들의 정체는 더는 정통 그리스도인의 모습이 아니다. 정확히 말해 그들은 이제 일본의 종교적인 요소들로 가득한 토속 종교와 별반 차이가 없다. 1981년 교황이 일본에 와서, 이들을 가톨릭교회의 일부로 포함하려는 시도가 있었지만, 그들 가운데 한 사람은 다음과 같이 말했다고 한다. "우리는 기존의 구교나 신교에 가입하는 일에 관심이 없습니다. 우리가 진정한 그리스도인들이기 때문입니다."7)

숨은 기독교의 말로는 이와 같다. 진리를 감추거나 한 사회 문화 속에 종속시키는 일은 진리를 보호하거나 성도를 견고케 하는 충격을 주기보다는 거꾸로 그 문화 속에서 자신을 스스로 변질시킨다. 이 시대에 뒤처지지 않고 그 경쟁력을 가지려고 복음의 본질보다는 일시적 충격에 연연하는 현대 교회의 100년 후의 모습도 어쩌면 이들 카쿠르의 모습과 같아질지도 모를 일이다.

능숙한 너무도 능숙한

소비주의 시장의 논리에 종속된 iChurch 세대들에게 하나님은 소비할 수 있는 상품으로 축소 전락한다. 하나님보다 큰 것은 '나의 욕구'이다. 내가 원하는 경건 서적, 설교, 예배, 교회, 훈련법, 집회 등을 찾는 우리의 모습에 대해 우리 스스로 열심 있는 신앙이라 간주할지 모르겠지만, 거기에는 어느 것 하나에도 뿌리 내리지 못하는 이 시대의 소비자들의 모습이 있다.

현대의 그리스도인들은 마치 바른 원리와 바른 프로그램과 바른 교회만 있으면 영적 성장이 이루어진다는 정해진 공식에 의해 살아가는 듯하다. 목회자는 그런 효과를 주는 원리와 프로그램을 찾아 헤매고 있고, 성도들은 성도들 나름대로 자신에게 맞는 '상품들'을 찾아 떠돌고 있다. 우리는 모두 하나님을 자판기로 생각하며, 거기서 어떤 특정 상품을 골라 먹는 식으로 신앙을 생각하고 있는지 모른다. 거기에는 나보다 크신 하나님에 대한 신비감이나 경외감은 전혀 존재하지 않는다. 목회자들은 효과를 위해 하나님에 대해 다 아는 양 A, B, C의 단계로 설명하고, 성도들은 자신에게 무엇이 필요한지 이미 알고, 원하는 것을 골라 꺼내 든다. 모든 것이 편리하고 명쾌해졌다. 예배는 기대했던 바를 관람하면 되는 시간이 되었고, 새로운 신간 서적은 몇 장을 채 읽기도 전에 누군가에 의해 좋다던 또 다른 책으로 관심이 바뀐다. 우리는 영적인 목마름을 호소하지만, 사실 내게 익숙한 것만을 집요하게 쫒는 것인지 모른다. 내 입맛에 맞았던 것. 그때의 그 잊을 수 없는 그 맛을 다시 찾고 싶어 똑같은 맛과 색깔과 모양의 상품을 매번 찾아 나서는 것인지도 모른다.

이 같은 소비주의 시대의 한복판에서 우리는 과연 나보다 크신 하나님을 만날 수 있을까? 과연 어제의 나를 뒤흔들 오늘의 성령의 역사를 체험할 수 있을까? 모든 것을 예단하고 맞춤형이 되어버린 iChurch 세대에 한마디로 우린 모두 능숙한 그리스도인들이 되어버렸다.

실용적 무신론자들

그러나 그런 식의 능숙함은 결코 실제적인 능력이 되지 못한다. 예수님 시대에도 능숙한 자들은 많았다. 바리새인, 사두개인, 서기관… 그들은 당시 유대 종교 시스템 아래 종속되어 있던 자들이다. 아주 능숙하게 말이다. 그러나 그들은 예수를 알아보지 못했다. 이스라엘이 그토록 오랫동안 기다리던 메시아가 바로 자신들의 앞마당을 지나가고, 회당을 오가고, 무리를 만나고 있는데도 그들은 그분을 알아보지 못했다. 너무 능숙한 자들이었기 때문이었다. 모든 것을 그들이 예단해 놓은 틀 안에서 보았기 때문이었다. 그것은 안전하다. 그 틀 안에서는 모든 것이 설명 가능하고, 모든 것이 통제 가능하다. 그러나 그것 때문에 그들은 예수를 놓쳤다. 아니, 더 정확히 말해 그들은 예수를 십자가에 못 박아 죽였다. 예수마저 그들의 통제 가능한 틀 안에 가두어 죽인 셈이다.

iChurch 세대의 능숙함 역시 모든 것은 멋지고, 편리하지만, 진리의 본질을 놓치고 만다. 예수 그리스도의 복음이 소비주의 시장의 하위에 놓여 있는 한, 그 복음은 결코 온전할 수 없다. 복음을 위해 타이거 우즈를 말해야 하고, 스타벅스를 배워야 하며, 지엠의 리더십을 모델링해야 한다면, 그 복음은 본래의 능력을 모두 잃어버린 빈 껍데기에 불과할 것이다. 우리는 곧 카라멜 마끼야또를 위해 예수를 다시 십자가에 매달게 될지도 모른다.

실제로 iChurch 세대의 그리스도인들은 박식하지만, 실제 삶에서는 비그리스도인들과 별로 구별되는 삶을 살아가지 못하고 있다. 그리스도인의 이혼율과 비그리스도인의 이혼율이 별 차이가 없으며, 갈등의 원인과 그것을 해결하는 교회 바깥의 풍경과 안의 그것이 그다지 차이가 없어 보인다. 교단의 요직에 오르기 위해 금품을 수수하는 행위 역시 세상에서 흔하게 보아오던 모습의 연장이 되곤 했다. 이런 결과는 교회 안에서조차 세속적인 가치와 원리들이 공공연하게 복음인 양 선포되고 있는 상황에서는 어쩌면 당연한지 모른다.

오늘날 수많은 기독교 상품에 둘러싸인 iChurch 세대들은 관념적으로는 그 어느 세대에 비해 뒤지지 않는 그리스도인일지는 모르지만, 실제의 삶에서는 무신론자들과 별반 다르지 않은 생활방식을 갖고 살아간다. 무언가를 결정할 때나 어떤 위기에 직면했을 때에도, 여가를 보내는 방법에 있어서나 자녀를 양육할 때, 많은 그리스도인은 거의 주님을 알지 못하는 이들과 다를 바 없는 선택을 하며 살아가고 있다. 구매, 노후대책, 먹거리, TV시청… 그 어느 것 하나 우리가 그리스도인이기에 다른 것은 없는 것 같다. 어쩌면 지금 나의 정체성, 내 삶을 기쁘게 하는 것, 내가 행복이라 여기는 조건들, 사는 이유 등은 성경공부 시간에 관념적으로 답하던 말들 속에 있지 않고, 세상 사람들이 걸어가는 그 길 위에서 발견될 것만 같다. 더 좋은 상품, 더 좋은 집, 더 좋은 직장 등을 바라며 살아가는 그리스도인들의 삶의 한쪽에 자그맣게 자리한 그리스도인이라는 이름표가 걸려 있다. 비록 그들은 어느 시대보다 풍성한 기독교적 상품들이 즐비한 시장에서 관념적으로는 성인의 수준에 이르렀는지는 몰라도, 실제 삶의 모양은 무신론자들과 다를 바 없는 실용적 무신론자들이다.

분투

문제가 있지만, 그것을 해결하기에는 너무 벅차니 그대로 대충 적응하며 살자는 것은 비겁하다. 어쩌면 그런 사람은 차라리 문제를 알아채지 못했던 때가 더 좋았다고 후회하고 있을지 모른다. 문제가 있을 때에는 그것에 맞서야 한다. 그것이 우리가 배운 정의이며, 바른 삶의 길이며, 우리의 자녀들에게도 가르치는 진정한 삶이다. 더구나 그 문제가 수도꼭지가 고장 난 것 같은 단순한 생활 속의 불편이 아닌 기독교 진리와 관련된 일일 때는 더는 말이 필요 없을 것이다.

핍박과 순교로 점철됐던 초기 기독교의 역사는 콘스탄틴 황제가 313년 밀라노 칙령에 의해 기독교를 공인함으로 전혀 다른 모습으로 바뀌기 시작했다. 소수에 불과했던 그리스도인의 수가 360년경에는 전체 로마 인구의 50%에 육박하게 되었다. 문제는 그리스도인이 된 그들이 모두 순수하게 신앙적인 이유로 교회에 모인 것이 아니었다는 데 있었다. 황제가 밀어주는 기독교는 사회적 지위, 명예, 성공을 위한 발판이 되어, 기존의 로마의 종교 모임들이 그랬던 것처럼, 기독교 역시 일종의 사교 모임social club의 수준으로 여기며 참여하는 이들이 점점 많아졌다. 순교의 시대는 이렇게 잊혀가기 시작했고, 로마 제국과 기독교는 이렇게 융화되어 기독교는 지배 문화의 교회로 변질하기 시작했다.8)

이에 기독교 본래의 순수성을 회복하고자 했던 일부 그리스도인들은 도시에서의 생활을 접고 사막으로 물러났다. 이제 막 피 흘림의 순교가 끝나고, 안전하게 그리스도를 믿을 수 있게 된 시점에서 그들은 새로운 분투의 여정을 떠났던 것이다. 그들이 훗날 중세의 암흑기에도 기독교의 뿌리를 견고히 지키는 역할을 했던 수도원 운동의 기초가 된 사막의 교부들 혹은 수도사들이다.

그들은 사막으로 도망한 것이 아니었다. 오히려 현실의 문제를 정직하게 끌어안았기 때문에 나온 결론이었다. 그들은 사막에서 그 시대의 인간들이 보편적으로 경험하는 죄악들을 몸소 내려놓고 분투하며 생활했다. 그들의 그러한 분투의 삶은 "사막이 도시같이" 사람들로 넘쳐날 만큼, 그 시대의 많은 그리스도인의 본이 되었다고 한다.9) 20세기 신학자 칼 바르트조차 "사막으로의 물러섬은 책임감 있고, 효과적이며, 새로운 투쟁의 방법이다"라고 말한 바 있다.10)

소비주의 시대의 iChurch 그리스도인들이 회복해야 할 삶의 본은 바로 이들 사막의 교부들과 수도사들이 몸소 보여주었던 죄악들과의 분투했던 삶이다. 하나님을 믿는 자로 문제 앞에서 가장 중대한 반응은 자신의 모습에 대한 솔직한 투사며 참회다. 이들 사막의 수도사들은 훗날 더 체계적으로 확립되는 '일곱 가지 치명적인 죄악'에 대해 기초를 닦았다. 그 일곱 가지 죄악은 이제는 박물관에 있어야 할 골동품들이 아니다. 오히려 이 일곱 가지 죄악들은 소비주의 시대에 교묘하게 인간이 누려야 할 권리로 둔갑하거나, 더 우리의 마음을 교묘하게 지배하고 있다. 이처럼 나의 바람과 소원대로 '살려는' 욕망은 허다하나, 나의 죄악을 '죽이기' 위해 분투하는 신앙의 자리는 부재한 iChurch 세대야말로, 다시금 그들 안에 도사리는 치명적인 일곱 가지 죄악들을 직시하고, 그 길에서 돌이키는 일이 무엇보다 중요한 과제라 할 수 있다.

> "무리와 제자들을 불러 이르시되 아무든지 나를 따라오려거든 자기를 부인하고 자기 십자가를 지고 나를 좇을 것이니라" 막8:34

주님께서 요청하신 섬김, 순종, 자기부인, 고통감수로서의 십자가를 지는 삶에 대해, 나치 정권에 맞서 분투했던 본회퍼는 "그리스도께서 사람을 부르셨을 때, 그것은 와서 죽으라는 부르심이었다"라는 결연한 제자도로 답한 바 있다.11) 앞으로 소개하는 일곱 가지 치명적 죄악들을 명명하고, 그러한 죄악들에 대해 분투하는 우리의 삶의 여정이 iChurch 시대의 잃어버린 제자도를 회복하는 길이 되어주기를 기대한다.

3. 시기

**시기심과 그로 말미암은 갈등은
철옹성의 도시와 강력한 나라라도 무너뜨릴 수 있다.** 클레멘트 12)

"사랑 안에는 두려움이 없고 온전한 사랑이 두려움을 내어쫓나니 두려움에는 형벌이 있음이라 두려워하는 자는 사랑 안에서 온전히 이루지 못하였느니라. 우리가 사랑함은 그가 먼저 우리를 사랑하셨음이라" 요일4:18

서론: 인정하고 싶지 않은 마음의 상태

주변 사람들은 사업에서 성공한 이웃인 김씨를 향해 그의 성공은 김

씨의 능력과 열심이 일구어낸 합당한 영예라고 여기며 함께 기뻐한다. 그러나 모두가 그런 것은 아니다. 옆집에 사는 이씨는 그가 가진 재능과 성공을 내심 배 아파하며 못마땅해한다. 길이라도 지나다가 그를 만나게 되면, 이씨는 겉으로는 입바른 소리로 축하의 인사를 건네면서 실제로는 독기 어린 눈길을 어떻게든 들키지 않으려 한다. 일찍이 로마인들은 이 같은 악의적인 시선에 대해 "악마의 눈"이라 칭했다. 상대방이 불행해지거나 파멸해 버리는 것을 바란다는 점에서 그 같은 묘사는 절대 지나치지 않을 것이다. 라틴어로 시기심을 의미하는 인비디아*invidia*는 이같이 악의적이고 적대적으로 누군가를 바라보는 것을 의미하는 invidere라는 어근에서 파생한 용어로, 영어로 envy라는 용어로 발전하였다.13)

4세기 안디옥 남부 지역의 사막에서 은둔 생활을 했던 존 크리소스톰347~407은 시기심에 대해 다음과 같이 선정적인 묘사를 한 바 있다. "시기심은 우리와 다른 사람을 갈라놓는다. 이는 그리스도의 몸을 송장으로 만드는 셈이다. 시기심에 빠진 우리는 마치 굶주린 맹수처럼 서로 뜯어 먹게 된다."14) 시기심을 최초로 일곱 가지 치명적 죄악의 목록에 올린 바 있는 그레고리 대제540-604의 경우도 "시기심으로부터 증오, 중상, 이웃의 불행에 대한 기쁨, 상대의 번영에 대한 슬픔이 파생된다"는 점을 설명해 주고 있다.15) 사막의 교부들에서 시기심은 정욕이나 탐욕처럼 눈에 보이지는 않지만, 인간의 내면세계를 파괴하는 사악한 죄악이었다.

　시기심은 다른 사람이 누리는 것에 대해 분개하는 마음이다. 분개한 다는 점에서 분노의 죄악과 유사해 보이지만, 그 분노가 타인의 선한 결과성취, 성공, 승진, 포상 등에 대한 증오라는 점에서 그 해악함의 강도와 파장은 훨씬 크다고 볼 수 있다. 드라마 속의 착한 주연 배우를 괴롭히는 악역의 조연들은 주인공이 이루어낸 크고 작은 성취와 사랑에 대해 번번이 분개하며, 어떻게든 그를 무너뜨려 가진 것을 빼앗으려고 혈안이 되어 있는 모습을 볼 수 있다. 드라마 내내 주인공을 괴롭히는 악역들의 행동은 그야말로 드라마이기에 과장된 면이 있지만, 그 같은 심리야말로 우리의 실제 삶의 관계 속에서 가장 현실적이고 일상적으로 경험하는 것에 대한 솔직한 묘사가 아닐까 생각된다.

　단 하나 드라마 속의 시기심과 현실세계에서의 시기심이 다른 점이 있다면, 드라마와는 달리 현실 세계에서 시기심은 좀처럼 겉으로 드러나지 않는다는 데 있다. 시기심은 마지막까지 인정하고 싶지 않은 마음이다. 내 안의 시기심을 인정하느니, 차라리 내 안의 분노, 정욕, 탐욕, 탐식 등을 인정하는 편이 훨씬 더 쉬울 것이다. 이는 다른 누구보다도 본인 스스로 시기하는 마음이 갖는 천박함 내지는 그 궁색함에 대해 잘 알고 있기 때문이다. 그래서 누구도 '나 시기심 있네'라고 드러내지 않는다. 물론 실제로는 시기심이란 우리 마음 깊은 곳에 빈번하게 자리하는 '은밀한 불청객'임에도 말이다.

　스스로 인정하고 싶지 않은 시기심은 결코 상대방에게 들키려 하지 않는다. 시기심에 사로잡혀 있을수록 겉으로는 시대의 대상 앞에서 하는 칭찬과 찬사는 과장된다. 그러나 그 마음은 주체 못할 분노와 슬픔으로 가득하다. '내가 저 자리에 있으면 더 잘할 텐데', '내가 그것을 갖는다면 더 멋질 텐데', '나도 조건만 된다면 저 사람보다 훨씬 더 잘해낼 텐데', '저 친구는 운도 좋아.' 이미 사람들로부터 인정받은 그의 가치, 능력, 혹은 재능 등에 대해 시기심에 사로잡혀 있는 나는 여전히 의혹과 부정의 시선으로 그것은 재검증이 필요한 인정할 수 없는 결과라며 마음 깊은 곳에서 절규하고 있다.

시기심은 소유가 아닌 사람됨에 대한 갈망이다.

　일곱 가지 죄악 중에서, 시기심은 당사자로 하여금 어떤 즐거움이나 쾌락을 느끼게 하지 못한다는 점에서 쓰라린 죄악이다.[16] 시기는 탐욕이나 질투와는 달리 상대방이 가진 물건이나 어떤 조건들 자체를 목표로 하고 있지 않기 때문이다. 탐욕이나 질투의 경우, 상대방이 가진 것을 나도 갖기만 하면 그만이다. 그러나 시기의 경우는 상대가 가진 물건, 지위, 자격 등을 내가 갖는다고 해도 아무것도 달라지지 않는다. 상대가 건재한 경우 시기심은 결코 사그라질 줄 모른다.

시기심은 얼핏 보면 탐심과 유사해 보인다. 누군가 내가 갖지 않은 것을 소유하고 있을 때 내면에서 일어나는 감정 말이다. 그러나 나봇의 포도원을 탐했던 아합왕의 경우왕상21장나 우리아의 아내 밧세바를 탐하는 다윗의 경우삼하11장는, 탐한다는 점에서 비슷할지 몰라도, 본질적으로는 시기심과는 다르다. 탐심이 소유에 대한 것이라면, 시기심은 그것을 소유한 대상에 대한 마음이기 때문이다. 따라서 시기하는 당사자는 상대방이 가진 것을 자신이 얻는 데서 기뻐하기보다는, 비록 그것을 자신이 갖지 못하더라도, 상대방도 그것을 박탈당한다면 거기서 더 큰 쾌감과 만족을 누리게 된다.

그러나 상대의 실패와 박탈의 상황이 시기심의 종착역은 아니다. 종종 많은 것을 상실한 상황에서도 내가 시기하는 그 사람은 변함없는 평소의 성품과 인격으로 다시 일어서곤 하기 때문이다. 이쯤에서 그런 그들의 인격과 성품이야말로 내 시기심의 본디 동인이라는 사실이 비로소 밝혀진다. 즉 내가 그 사람 자체가 되지 않는 한, 시기심은 결코 내 안에서 사라질 수 없는 마음이다.[17]

따라서 시기심은 나와 비교 가능한 경쟁 관계에 있는 삶의 조건과 수준 가운데 있는 사람들과의 관계에서 대부분 발생한다. 예를 들어 평범한 직장인인 나는 빌 게이츠를 시기하지는 않는다. 조기 축구를 하는 내가 프리미어 리그 선수 박지성에 대해 시기심을 갖고 살아가지는 않는다. 하지만, 내 옆집에 사는 이웃이라면 이야기가 달라진다. 나와 비슷한 연령대에, 비슷한 소득을 갖고 사는 이웃이 무언가를 성취하고 소유하면 참을 수가 없다. 탐욕이나 질투라면, 단순히 나 역시 그만한 땅을 사거나 더 좋은 땅을 사면 그만이지만, 시기심의 경우는 내가 아무리 이웃보다 배나 되는 땅을 사더라도, 여전히 행복하게 살아가는 그 이웃이 옆에 있는 한 절대 사라지지 않는다. 오히려 곧 더 강한 시기심에 사로잡히고 말 것이다.

나의 가치는 상대적이다

"비교가 없다면, 시기심은 존재하지 않는다"라고 말한 프랜시스 베이컨의 말처럼, 시기하는 사람은 늘 누군가를 경쟁상대로 삼는다.18) 그에게 상대방은 우정과 사랑을 나눌 벗이 되기보다는 대적자가 되며, 결코 함께 선을 이룰 수 있는 동반자가 될 수 없게 된다. 시기심에 사로잡힌 경우, 설령 내가 상대방과 거룩한 하나님나라의 사역을 협력하는 동안이라도, '내'가 그보다 낫게 일을 성취해야만 한다는 경쟁의식 내지는 조바심에서 벗어날 수가 없게 만든다.

한마디로 시기하는 자에게 있어서 그 주변의 세상은 언제나 적대적이다. 심지어 그가 속한 신앙의 공동체조차도 말이다. 한 믿음 안에서 협력과 조화로 선을 이루는 형제애를 경험하는 대신, 그들은 자신과 비슷한 신앙과 삶의 조건을 가진 이들을 경쟁 구도 속에서 견제하며 거리를 둔다. 그들은 시기심 가운데 바울이 말한바 "아무 일에든지 다툼이나 허영으로" 행하는 자들이다. 빌2:3 그들은 차라리 세상 친구들이 더 편하다는 식으로, 자신의 시기심에서 시작한 믿음의 공동체 내에서의 불편한 관계들에 대해 불평을 토로한다.

이처럼 시기심은 누군가와의 끊임없는 비교 가운데, 자신의 가치를 가늠한다. 내 경쟁자 된 이웃이나 동료가 어떠한 삶을 살아가느냐에 따라 나의 행복과 자존감이 결정되는 것이다. 타인의 평가와 찬사에 집착하는 허영심의 죄악과도 같이, 시기심도 끊임없이 다른 사람을 의식한다. 나의 존재감의 모든 것은 나의 내면이 아닌, 사람들의 삶과 비교하는 가운데 결정되기 때문에, 늘 누군가를 의식하며 살아야 하는 그 삶은 피곤할 수밖에 없다. 그래도 허영심의 경우, 다른 사람들로부터 돋보이기 위한 그 헛된 노력 가운데서도 일시적으로나마 모종의 성취감이라도 누릴 수 있을 것이다. 그러나 시기심의 경우는 좀처럼 만족을 누리기 어렵다. 앞서 언급한 바와 같이, 시기심은 어떤 것을 소유하고 성취하는 문제가 아닌, 특정 인물에 대한 마음이기 때문이다. 즉 내가 그 사람이 되어 삶을 살아가거나 아니면 그 해당 인물이 파멸에 이르러 사라져주지 않는 한, 내 안의 시기심의 불길은 좀처럼 꺼지지 않을 것이다. 이에 시기심은 상대방에 대한 은밀한 비방과 권모술수, 최악은 물리적인 폭력으로까지 발전하기 쉽다.

사울의 두 얼굴

왕이 된 사울과 그 이전의 사울은 과연 동일인물인가 싶을 만큼 그 행보가 차이가 난다. 왕이 되기 전의 사울은 그 준수한 외모와는 달리 지극히 겸손한 자처럼 묘사된다. 적어도 그는 자신을 잘 알고 있었다. "나는 이스라엘 지파의 가장 작은 지파 베냐민 사람이 아니오며 내 가족은 베냐민 사람 지파 모든 가족 중에 가장 미약하지 아니하니이까 당신이 어찌하여 내게 이같이 말씀하시나이까?"삼상9:21 사울은 왕이 되는 과정에서도 짐보따리 사이에 숨어 버리는가하면,삼상10:22 불량배들의 멸시에도 마음의 평정을 잃지 않았다.삼상10:27

그러나 왕이 된 사울은 전쟁에 나가기를 지체하는 사무엘을 대신해 자신이 제사장 노릇을 하는가 하면, 아말렉과의 전쟁에서는 진멸법을 어기고, 마음대로 왕 아각과 기름진 양과 소와 어린 양을 남겨 둠으로 끝내 사무엘과 결별하게 된다.삼상13장, 15장 사울의 겸손은 어디로 사라져 버린 것일까? 단순히 사울의 이야기는 현대의 부패한 권력가들의 모습처럼, 그 권력 앞에 그 초심을 잃어버린 이야기일까?

그러나 아직 이스라엘은 왕에게 절대적인 권력이나 부, 혹은 군사력이 형성되지 않았던 과도기적 시대였다는 점에서 권력형 비리로 사울의 행동을 해석하기에는 무리가 있다. 오히려 사울은 왕이 되기 전과 후의 모습 속에 우리가 알지 못하는 일관된 마음이 숨겨져 있었는지 모른다. 즉 처음부터 사울은 그 준수한 외모 때문에 속 사람보다는 겉 사람에 더 많이 신경을 썼던 인물이었는지 모른다는 것이다. 왕으로 세움 받는 과정에서 우리가 보기에 겸손의 모양으로 표현된 사울의 자기고백과 행동들은 참된 겸손이 아니라, 남들에게 보이기 위한 위장된 겸손이었을지도 모른다.

실제로 사울이 다른 사람들을 의식하는 삶의 습관들은 그 삶의 결정적인 순간에 그의 발목을 붙잡는 것을 볼 수 있다. 사울은 진멸법하나님의 전쟁에서 적의 모든 것을 진멸하라는 법을 어긴 점을 사무엘에게 질책받는 과정에서도 사울과 결별하려는 사무엘을 옷자락이 찢어질 정도로 부여잡고, 의미심장한 요청을 한다. "내가 범죄하였을찌라도 청하옵나니 내 백성의 장로들의 앞과 이스라엘의 앞에서 나를 높이사 나와 함께 돌아가서 나로 당신의 하나님 여호와께 경배하게 하소서."삼상15:30 사울은 마지막 순간까지도 그 마음의 중심에서 크게 뉘우치기보다는, 사람들 앞에 보일 자신의 모습을 신경 쓰는 사람이었다.19)

결정적으로 그 스스로 군대의 장으로 세운 다윗이 백성 사이에서 신망을 얻는 과정에서 사울 왕은 다윗을 향한 시기심에 남은 생애를 무고한 다윗을 죽이려고 광분하게 된다.삼상18장 한 때 블레셋과 대항하기 위해 세움 받았던 왕이 그 병력 대부분을 이끌고 청년 다윗 한 사람을 붙잡으려고 혈안이 되어 있는 모습을 상상해 보라. 더구나 이 같은 시기심의 시작은 다름 아닌 백성 사이에 떠도는 사울과 다윗의 혁혁한 승전가 "사울의 죽인 자는 천천이요 다윗은 만만이로다."삼상18:7 때문이었다는 것을 안다면, 고작 이것 때문이었나 싶을 만큼 허탈하기까지 하다.

그러나 시기라는 죄는 그렇다. 아무것도 아닌 것 같은 불씨가 더는 잠재울 수 없는 거대한 불길이 되어 우리 마음을 지배하는 것이다. 나의 속 사람을 다스리지 못하며 늘 주변 사람들만을 의식하며 살아갈 때, 나는 사울왕과 같이 후패하게 되어 있다. 사그라질 줄 모르는 한 사람의 타인에 대한 의식은 시기심으로 발전하여 그 삶의 대부분 시간을 장악했고, 무고한 한 청년의 인생을 광야에서 도망자 신세가 되게 만들었다. 그뿐만 아니라, 사울 왕은 그 시기심을 부채질하는 아히멜렉의 다윗을 향한 진언에 대해, 놉 땅의 모든 제사장과 아녀자들과 가축들까지 무참히 학살시키는 만행을 저질렀다.삼상22장 이 모든 것이 한 사람을 향한 시기심에서 비롯된 일이었다. "시기심과 그로 말미암은 갈등은 거대한 도시와 강력한 나라도 무너뜨릴 수 있다"고까지 경고했던 클레멘트의 말은 결코 과장이 아니다.

그러나 더 무서운 사실은 시기심은 좀처럼 사라지지 않는다는 데 있다. 앞서 언급한 바와 같이 시기심은 상대가 파멸에 이른다고 해서 사라져 주지 않는 법이다. 한 젊은 청년을 광야로 내몰아 폐인이 되게 했다면, 그 시기심은 수그러들 만도 한데, 사울은 그 고삐를 절대 늦추지 않앉다. 그가 블레셋과의 전쟁에서 죽지 않았더라면, 그는 어쩌면 지금도 광야를 헤매고 있을지도 모른다. 사울이 다윗이 되지 않는 한 시기심의 끝은 없다. 그러나 그런 일은 절대 일어나지 않는다.

하나님을 향한 저항과 반발

사울은 자신의 가치를 다른 사람들로부터 찾는 것에 익숙했던 인물이다. 그에게는 헛된 영화와 시기심이라는 두 가지 죄악 된 마음이 공존하고 있었음을 볼 수 있다. 사람들에게 인정받는 일이, 하나님에게 인정받는 일보다 더 중대했고, 하나님과의 관계 속에서 자존감을 형성하지 못하고, 다윗과의 비교/경쟁 관계 속에서 그의 가치를 입증받기 원했다.

이처럼 시기심은 철저히 하나님의 자리를 무시한다. 나의 정체성과 존재가치는 오직 상대적으로 평가될 뿐이다. 거기서 굳이 필요하다면 하나님은 세상 사람들에 대한 나의 상대적 우월감을 도와주셔야 할 분으로서 존재할 뿐이다. 그 하나님은 상대의 잘됨보다는 나의 우월함과 성취를 위해 일하셔야 하며, 상대방이 아닌 나를 통해서만 영광을 받으셔야 하는 하나님이다.

소비주의적 삶에 익숙한 iChurch 세대가 추구하는 교회성장의 모습 속에서 우리는 이 같은 시기심에 빠진 신앙의 자취를 쉽게 찾아볼 수 있다. 현대 교회는 종종 스스로 정체성과 존재가치를 건너편 교회보다 크고 많이 모이는 데서 찾으려 한다. 그들은 그리스도인들의 협력과 공존을 부르짖기보다는, 자신들의 교회를 통한 하나님의 영광만을 고집한다. 그런 사고방식 가운데 남의 양 빼앗기나 수평이동을 통한 교회 성장은 아무런 거리낌 없는 행위가 된다. 그리고 거기서 하나님께 감사와 영광을 돌린다.

얼핏 보면, 하나님께 영광을 돌리는 건강한 교회의 모습 같지만, 실상은 하나님과의 관계 속에서 자기애를 경험하는 교회의 모습은 전혀 아니다. 다른 교회보다 많고, 크고, 빠르다는 점에서 그들은 그 존재감과 자부심을 느낄 뿐이다. 거기에는 건너편 교회와 함께 성장해야 한다는 마음이 깃들 곳은 전혀 없다. 일단 남보다 나부터 살고 보는 곳. 남보다 내가 잘돼야 하나님도 영광 받으신다는 논리가 자라는 곳. 그런 사고방식을 가진 교회가 과연 그 성도들에게 겸손과 섬김, 내려놓음과 사랑에 대해 온전히 가르칠 수 있을까?

그런 점에서 개교회주의가 교회성장의 원동력이라는 일부 학자들의 말은 섣부른 판단인지 모른다. 개교회주의 안에서 자라나는 독한 시기심의 뿌리를 적절히 대처하지 않는다면, 현대 교회는 시기심 가운데 자기만 잘되기를 바라는 하나님 없는 교회가 될지 모른다. 하나님만을 바라보며, 그분을 통해 우리의 존재가치를 입증받는 그 순수성을 빼앗아

버리는 시기하는 마음이 지배하는 곳에서 하나님은 방해물에 불과하기 때문이다. 상대의 잘됨에 진심으로 박수를 쳐주며, 함께 기뻐할 수 없는 마음. 끊임없이 견제해야 하며, 때론 나의 잘됨을 위해, 상대에 대한 그럴듯한 깎아내리기와 비방도 서슴지 않는 마음. 상대를 생각하는 것만으로 내 안의 분노와 질투를 참을 수 없는 그런 마음. 그런 마음이 우리를 위해 자기 몸을 버리신 주님의 겸손과 사랑과 화평의 길과 같은 길일 수는 없다.

소비주의 시대의 왜곡된 자의식

소비주의 시대의 현대인들은 크게 두 가지 음성에 끌려가는 가운데 거기서 자신들의 자의식을 형성하고 있다.[20] 그 두 가지 음성은 너무도 강력해서 사람들은 이에 절대성을 부여하며, 무조건 굴복하여 쫓아가고 있다. 그 첫 번째는 "내가 무엇을 가졌느냐가 나의 존재가치를 결정한다"는 음성이다. 오늘날 현대인들은 내가 소유하고 축적한 만큼, 나라는 존재의 가치, 의미, 수준 등이 달라진다는 음성에 현혹되어 있다. 그들은 거기서 자신들의 자의식을 형성하며 살아간다.

두 번째로, 소비주의 시대의 현대인들은 "다른 사람들이 나에 대해 어떻게 말하는가에 의해 나의 존재가치를 결정한다"는 음성에 의해 그들의 자의식을 형성하고 있다. 나라는 존재는 언제부터인가 늘 누군가의 기대치에 의해 살아가는 존재가 되어 버렸다. 부모, 아내, 남편, 자식들, 직장 상사, 동료, 이웃, 친구, 고객 등 그 어느 때보다 복잡한 관계망 가운데 분주하게 살아가는 현대인들은 그 주변 사람들의 기대치를 저버리지 않으려 애쓰며 살아가고 있다. 타인의 기대치를 충족시키려는 행위는 순수한 의미의 이타심 혹은 사랑이라 볼 수는 없다. 반대로 그것은 사랑과 이타성이라는 가면을 쓴 지독한 자기애에 지나지 않는다. 다른 사람의 시선과 평가에 의해 존재감을 느끼는 나라는 사람이 실질적으로 주목하는 대상은 바로 나 자신이다.

이 같은 방식으로 자의식을 형성하는 사람들은 그가 가꾸는 자신의 모습이 제아무리 그럴듯하고 만족스러워도 진정 자신의 것이라고 할 수 없다. 왜냐하면, 그것은 그들 자신의 내면에서 가꾸어진 자의식이 아니라, 그와는 반대로 그들의 실제의 자아를 위장, 은폐하는 가면 persona에 의해 형성된 자의식이기 때문이다. 내가 가진 학벌, 명예, 소득, 명품, 직위 등에 의해, 혹은 다른 사람들의 나에 대한 칭찬과 인정에 의해 나의 나됨을 이루어 가는 사람들의 자의식은 진정성이 상실된 우상, 즉 자기 자신을 섬기는 나르시스틱한 우상과 다를 바가 없다.

'내가 무엇을 가졌는가'와 '다른 사람들은 나에 대해 무엇이라 말하는가'에 의해 자신의 존재감을 형성하는 사람들이 가진 공통점은 그들에게 세상은 홀로 버티기에는 너무도 큰 '두려움'이라는 사실이다. 세상은 두려움으로 가득하다. 나를 잃어버릴 것 같은 두려움, 뒤처질 것 같은 두려움, 살아남지 못할 것 같은 두려움, 인정받지 못할 두려움, 잊힐 것 같은 두려움, 거절당할 두려움. 한마디로 나의 생명과 존재감을 잃어버릴 것이라는 두려움 가운데 그들은 '소유'와 '타인에게 인정받기'를 자신들의 삶의 의미와 목적을 형성하는 중심이 된 도구로 붙잡는다. 소비주의 시장은 이러한 목적을 이루려고 그 어느 시대보다 훌륭하게 현대인들을 부추기며 유혹하고 있다. 매일 새롭게 쏟아져 나오는 재화들은 그것을 통해 나의 존재감을 느끼고, 비교적 우월감을 맛볼 수 있을 것이라는 마술적 환상으로 소비자들을 현혹한다. 그런 점에서 현대인들은 모두 두려움으로 가득 찬 세상의 희생자들이라 할 수 있다. 그들은 그렇게 두려운 세상을 살아가면서, 소유와 타인의 인정을 통해 자신을 방어하면서 하나님이 바라시는 모습과는 상반된 모습으로 변해간다.

소유와 타인으로부터 인정받는 일은 언제나 상대적인 문제다. 누구보다 더 혹은 덜 가졌느냐에 의해, 누구보다 더 혹은 덜 인정받느냐에 의해 나의 삶의 희비가 순간순간 뒤바뀌게 된다. 이처럼, 왜곡된 자의식을 형성하는 소비주의 사회에서, 시기심은 불가피하게 가장 왕성하게 된다.

사랑받는 자의 길

이에 반해, 하나님의 아들이신 그리스도께서는 인간의 몸으로 이 땅에 오셨다. 그것은 애당초 죽임당하기 위한 길을 위해서였다. 수많은 이들이 환호하며, 수많은 이들을 먹이시는 이적들을 베푸셨지만, 점점 더 가까워지고 분명해진 길은 십자가의 길이었다. 그것은 많은 것을 축적하는 길이 아닌, 거꾸로 모든 것을 버려야 하는 길이었다. 그 십자가의 길은 많은 사람이 환호하며, 감동하며, 일어서서 손뼉을 치는 길이 아닌, 그와는 정반대로 평소 주님을 사랑하던 사람들마저 주님을 거절하고 배신했던 길이었다. 이처럼 십자가의 길은 오늘날 우리가 쫓는 두 음성, 소유 '무엇을 가졌는가'와 타인의 시선 '다른 사람들은 나에 대해 뭐라고 말하는가'과는 정반대의 길이었다. 그럼에도, 놀라운 사실은 십자가에 달려 돌아가시기 직전 주님께서 마지막으로 남기신 말이다. "다 이루었다." 요19:30

여기에서 "다 이루었다"는 말의 의미는 구속사적으로 볼 때, 주님의 구원사역이 일차적으로 완성됐음을 의미한다. 인류의 죄악을 감당하시고 십자가에 달려 죽임당한 어린 양 예수는 그로 말미암아 하늘 문이 열리고, 모든 "능력과 부와 지혜와 힘과 존귀와 영광과 찬송을 받으시기에 합당" 계5:12하시다는 점에서 주님은 모든 것을 부족함 없이 다 이루셨다.

그러나 "다 이루었다"라는 말씀 속에는 참 인간으로 오신 예수님의 완전함이라는 차원에서의 또 다른 의미가 함축되어 있다. 예수님은 현대의 인간들이 쫓는 두 음성과는 전혀 다른 길을 가시면서도, 그 하나님 앞에서 온전한 자아를 형성하며 사셨다. 우리가 구원을 위해 믿어야 할 주님은 구세주인 동시에, 우리가 온전한 인간의 모델로서 닮아가야 할 분이라는 점에서, 두려움 가운데 왜곡되고 잃어버린 자아를 갖고 살아가는 iChurch 시대의 그리스도인들은 "다 이루셨다"라고 말씀하신 그 주님을 쫓아 기꺼이 참된 자아를 찾는 길로 나아가야 할 것이다.

그렇다면, 주님께서는 아무것도 갖지 않으셨음에도, 또 공생애 기간 늘 함께 했던 사랑하는 제자들에게 모욕과 배반, 버림받음과 거절을 당하시면서도, 어떻게 모든 것을 다 이룬 삶을 누리실 수 있었을까? 복음서는 공통으로 주님께서 처음 사역을 시작하실 때 침례 요한을 통해 침례를 받으시는 장면을 보여주고 있다.마3:13-17; 막1:9-11; 눅3:21-22; 요1:31-34 요한복음과 마태복음은 침례 요한에게 비친 사건으로서 그리고 있고, 마가복음과 누가복음은 주님의 관점에서 그 이야기를 묘사하고 있다. 그 가운데 마가복음의 보도는 다음과 같다. 주님께서 요단강에서 요한에게 침례를 받으시고, 물 위로 올라오실 때에 하늘로서 성령이 비둘기같이 내려 당신 위에 임하시면서 하늘로서 아버지 하나님의 말씀이 들려온다. "너는 내 사랑하는 아들이라 내가 너를 기뻐하노라."막1:11

"너는 내 사랑하는 아들이라." 여기에 주님의 "다 이루었다."라는 십자가 상에서의 마지막 말씀의 비밀이 숨겨져 있다. 주님께서 십자가의 길을 끝까지 홀로 감당하실 수 있으셨던 비밀은 바로 당신이 하나님에게 사랑받는 자이심을 아셨기 때문이다. 스스로 부모에게 사랑받는 자식임을 아는 아이는 정서적으로 안정감이 있고, 어떤 일을 할 때에도 자신감이 있고, 대인관계도 원만하다. 뒤에 자신의 부모가 있기 때문이다. 이처럼 하나님에게 사랑받는 자라는 자의식보다 더 큰 정체성은 없다.

믿는 자들의 모든 영성의 여정에서 가장 먼저 확인되어야 하는 것은 내가 하나님에게 사랑받는 자라는 깨달음이다. 거기서부터 머나먼 영적 순례의 길은 시작된다. 나를 사랑하는 하나님의 사랑은, 내가 아무리 노력해도 지금보다 더할 수 없는 완전한 사랑이며, 반대로 내가 아무리 내 삶을 형편없이 망쳐놓아도 지금보다 덜할 수 없는 흔들림 없는 사랑이다.[21]

때론 세상에서 상실의 고통이 있고, 인정받지 못하며, 배반당하며, 시기심의 유혹도 있지만, 내 본연의 정체성이 소유와 타인의 시선이 아닌, 하나님의 견고한 사랑 안에 속한 자녀라는 사실을 다시금 기억할 때, 우리는 두려움 가운데 사로잡히지 않고, 다시 우리에게 주어진 길을 나아가게 된다. 그것이 결국 주님께서 마지막 십자가 상에서 보여주신 "다 이루었다"의 길이다.

온전한 사랑만이 우리를 시기심에 사로잡히게 하는 두려움을 내쫓는다. 우리가 우리 주변의 사람들을 시기의 대상이 아닌, 사랑의 대상으로 볼 수 있는 근거 또한 "그가 먼저 우리를 사랑하셨음"에 있음을 기억할 일이다. 요일4:18-19

4. 허영심

허영심은 양파와도 같다.

허영심의 껍질을 한 겹 벗기게 되면, 바로 그 행위가

또 다른 허영심을 부추기는 더 큰 미끼가 된다. 존 카시안 ,22)

이르시되 너희는 따로 한적한 곳에 와서 잠깐 쉬라 하시니 막6.31

어느 목회자의 경건의 시간

매주 수 편의 설교 말씀을 준비해야 하는 A 목사는 개인적으로 하나님과의 더 깊은 만남을 고대하고 있다. 주일 사역으로 말미암은 고단함을 뒤로하고, 그는 영적 갈급함 가운데 말씀 앞에 나아간다. 그러나 그 시간은 본래 의도대로 '깊이' 있는 하나님과의 만남으로 진행되지 않는다. 처음에는 그 시간 안에 잠기며, 은혜를 받고 자신을 돌아보려 했지만, 점차 말씀 속에서 깨달은 바들이 다가올 주에 있을 설교나 모임에서 써야겠다는 마음에 사로잡히고 만다. 하나님과 자신의 고요한 만남의 순간에 깨달은 말씀들을 속히 교인들에게 들려줄 때 그들의 반응을 상상하는 희열 가운데, 그는 스스로 하나님과의 교제의 시간을 중단하고 설교 준비에 들어가기 시작한다. 이렇게 해서, A 목사는 사람들 앞에 또 한 번 그럴듯한 설교를 선보이게 되지만, 정작 그 자신은 또다시 하나님과의 깊이 있는 만남의 시간 안에 오래 머물지 못하고 만다.

중독적인 허영심

헬라어로 케노독시아*kenodoxia*에서 기원한 허영심은 원어적인 표현 그대로 헛되고 텅 빈*keno* 명예, 견해, 평판*Doxia*에 대한 추구를 의미하며, 영어로 표현되는 vainglory는 케노독시아에 대한 라틴어 *inanis gloria*에서 유래한 것이다. 허영심은 다른 사람들로부터 과도하게 인정받고, 주목받고 싶어 하는 마음이다.

다른 사람에게 인정받고 싶어 하는 마음은 인간의 자연스러운 마음이다. 흔히들 인간이 사회적 동물이라고 말할 때는 이 같은 누군가로부터 인정받고, 칭찬받고 싶어 하는 마음을 포함하는 것이다. 칭찬과 격려는 메마른 우리의 삶에 무엇으로도 대신할 수 없는 힘, 용기, 소망 등과 같은 삶에 대한 새로운 의욕을 불태우게 한다. 부모, 스승, 상사, 친구, 가족들에게 받는 따뜻한 말 한마디에 의해 이제껏 우리는 그 힘든 고비의 순간들을 이겨낼 수 있었다. 달동네의 다 쓰러져 가는 어느 집의 변변찮은 저녁식사의 자리, 각자 고달픈 삶을 살아가고 있지만, 서로 소중히 여기는 가족들이 있는 한, 그 누가 부러우며, 산해진미가 따로 있겠는가.

 문제는 인정받고자 하는 마음이 아닌, 그것의 지나침이며, 그러한 주목과 인정받음이 삶의 목적이 되어 버리는 경우라 하겠다.[23] 이 같은 '지나침'은 특정한 사람들만의 별난 욕구 때문이 아니고, 사람들의 칭찬과 주목이 중독적이라는 데서 문제가 된다. 한두 번 들을 때는 감사하며 몸 둘 바를 모르지만, 계속 듣던 칭찬이 더는 들려오지 않을 때는, 그 착잡하며 불안한 마음을 가누기 어려워지는 것이다. 그리고 결국 그런 식으로 길들게 되면, 누군가의 갈채와 주목이 없이는 결코 그 자신의 삶의 의미와 정체성을 세워나갈 수 없는 연약한 존재가 되고 만다. 가혹한 표현인지는 모르겠지만, 늘 누군가의 관심을 필요로 한다는 점에서, 또 그런 관심들이 끊어진 자리에서는 마치 약기운이 떨어진 자처럼 공허하며, 황폐한 자신의 모습을 본다는 점에서 허영심은 약물중독과 같다.

영적 열매들 사이에서도 죽지 않는 죄악

 그러나 무엇보다 허영심은 그 어떤 순간에도 침투할 수 있다는 점에서 위험하고 다루기 어려운 죄악이라고 할 수 있다. 허영심은 신앙의 초보자들에게서 쉽게 발견된다. 그들은 그리스도를 영접하고 이제 막 신앙생활의 맛을 느끼기 시작한 자들로 모든 것에 그 의욕이 넘친다. 그리고 그러한 마음은 곧바로 사람들 앞에 자신의 깨달음이나 재능, 배운 바들을 나누고 싶은 욕구에 사로잡히게 한다. 야고보가 말한 모두 선생이 되려 하지 말라는 경고는 이 같은 허영심에 사로잡힌 초심자들에 대한 말이다.

반대로 모든 육적인 죄악들을 극복하고, 영적인 훈련들을 성공적으로 마친 노련한 신앙인도 허영심만은 그들이 이루어낸 영적 열매들에 기생하여 자랄 수 있다는 점에서, 예로부터 수련 받는 수도사들이나 영적 지도자들에게는 가장 경계해야 할 죄악들 가운데 하나였다. 영적으로 탁월하게 자신을 단련시킬수록 탐욕, 탐식, 시기, 정욕 등의 죄악은 통제되지만, 허영심의 경우는 그 같은 영적 방어망들을 역이용하여 그 마음을 자만하게 하고, 사람들 앞에 자신을 드러내도록 부추긴다.

심지어 허영심은 영적으로 그 머리에 재를 뿌리며 겸손히 있어야 하는 순간에도 어김없이 찾아온다. 어떤 죄인이 자신의 죄를 사함 받으려고 행하는 고행의 순간에서도, 잠잠히 그 지은 죄에 대한 대가를 치르는 훈련을 받는 고개를 숙인 겸손 대신, 잠깐의 고행을 통한 깨달은 바를 속히 누군가에게 드러내고 싶은 욕망에 사로잡혀 사람들 가운데로 뛰

쳐나가게 하는 것이 허영심이다.24)

이처럼 허영심은 우리의 삶에 여러 모양으로 어느 때곤 찾아온다는 점에서 경계해야 할 죄악이다. 그 순간이 영적 성장의 기쁨을 누리며, 성령 충만한 순간이라 할지라도, 심지어 자신의 죄에 대한 깨우침의 순간이라 할지라도 허영심은 결코 우리 곁을 떠나지 않는다.

이미지가 전부다

앞에서 본 시기심이 누구에게도 드러내고 싶지 않은 죄악이라면, 허영심은 그와는 정반대라 할 수 있다. 허영심은 과시하고픈 욕구이다. 허영심은 내 안에 사람들의 주목을 받고 싶어 하며, 인정을 받고 싶어 하는 마음이 얼마나 지배적인가를 알 수 있게 하는 죄악 된 마음의 생각이다.

사람들에게 보여주거나 드러내고 싶어 하는 이 욕망은 결국 이미지로 승부를 겨룬다. 세련되며, 위용을 드러내고, 돋보이는 무언가로 사람들 앞에 서기를 원한다. 단 한 번도 본 적이 없는 사람이라도, 단 몇 초를 주목받는다 해도, 허영심은 결코 위축되거나 다음을 기약하는 법이 없다. 허영심이 그 순간 노리는 것은 상대방이 보게 될 이미지이기 때문이다.

지인들과 나누는 대화 가운데 우리는 상대방이 나의 말에 더 흥미와 관심을 두게 하려고, 그 말을 사실과는 다르게 과장하거나 변형시키는 경우가 허다하다. 별것 아닌 것 같은 우리의 말 바꾸기이지만, 거기에는 순간적으로 내 이야기를 듣는 사람들이 나에게 좀 더 주목해 주기를 바라는 허영심의 욕구가 분출되고 있는 것이다.

일부 10대 청소년들의 만용에 가까운 위험스러운 행동들은 단순히 사춘기적인 돌발행위라기보다는, 사람들에게 그렇게 해서라도 주목받고 싶은 허영심이라고 보는 편이 더 적절할 것이다. 어거스틴은 친구들에게 잘 보이고 싶은 마음에 실제로는 먹고 싶지도 않았던 남의 밭의 과일을 서리했던 어린 시절의 추억을 고백한 바 있다.25) 이처럼 허영심은 실제로 나의 최고의 모습을 보여주는 데 목적이 있는 것이 아닌, 최소한 그 순간에 사람들에게 보이는 모습이 최고이기를 바란다는점에서, 전적으로 표면적인 보임에 목적과 의의를 두고 있다. 따라서 주목만 받을 수 있다면, 그 방식과 절차가 잘못된 것은 하등 문제가 되지 않는다. 보이는 그 이미지만 괜찮다면, 보이지 않는 내면의 황폐함 따위는 하등 상관없는 것이다.

보이기에 급급한 허영심은 과대포장 될 수밖에 없는 특징을 가지고 있다. 늘 누군가가 지켜볼 것을 기대하며 의식하기에, 허영심에 사로잡힌 자의 몸짓과 말투 등은 그 보이는 부분을 돋보이게 하려고 과장될 수밖에 없다. 설령 그것이 허영심과는 거리가 멀어 보이는 겸손이라는 덕도, 과대포장의 패턴은 같이 적용된다. 사람들 앞에 자신의 겸손한 모습을 보이고 싶어 하는 이의 겸손은 이미 스스로 겸손하다는 교만함을 그 속에 감춘 포장된 겸손이기에, 본래의 모습보다 과장 될 수밖에 없다.

허영심은 결국 그 당사자를 그럴듯한 연기자로 만든다. 그는 자신의 능력을 뛰어넘는 포장된 자신의 모습을 보이고자 노련하게 연기해야 한다. 그는 자신이 주변 사람들을 의식하고 있다는 사실마저 감출 수 있는 노련한 연기로 자신의 이미지를 부각시켜야 한다. 그런 점에서 허영심에 사로잡힌 자의 삶은 이미지로 먹고 살아가는 연예인들의 모습과 별반 다르지 않다. 화려한 스포트라이트 아래 유명 상표로 치장한 연예인의 모습은 한마디로 멋지다. 우린 그 멋짐에 반해, 그의 내면세계와 성품, 도덕성 등도 그와 같이 고상하며, 남다르기를 바라며, 또 그렇게 상상한다. 연예인들의 도덕적 타락에 대한 대중의 실망감은 단순히 그들이 공인이라서기보다는, 애당초 그럴듯한 이미지로 포장된 연예인들에 대한 과도한 기대 탓이라고 보는 편이 낫다. 이미지와 그 실체에 대한 혼돈은 이처럼 우리 생활에 만연하다.

빛 좋은 개살구

좋게 보이기 위한 행동에 초점을 두게 되면, 내적 성숙은 부차적인 문제가 되어 버린다. 내적 성숙에는 오랜 시간이 필요하지만, 겉으로 보이는 일은 즉각적으로 해결할 수 있기 때문이다. 더구나 허영심은 그때그때의 순간마다 찾아오기에, 오랜 시간을 두고 형성되는 '보여짐'의 훈련이 아닌, 즉흥적이고 일시적인 효과만을 바란다. 이 같은 즉흥성은 허영심이 겉으로는 그럴 듯하게 자신을 꾸미지만, 그 속은 그 깊이가 얼마나 부재한가를 여실히 보여준다. "빛 좋은 개살구"라는 말처럼, 허영심은 얄팍한 속내를 감추기 위한 임시방편의 가면이다.

허영심으로 포장된 이미지들이 화려할수록 그 그림자는 더 짙어지는 법이다. 이 같은 과장과 속임으로서의 허영심은 늘 누군가에게 보인다는 점에서 사람들 곁에 다가서지만, 언제라도 들킬지 모르는 자신 본연의 정체 때문에 결코 그 마음을 상대에게 열어줄 수는 없는 장벽을 만든다. 그리고 내가 구가하는 헛된 영광 이면에 있는 그림자들을 상대방에게 보이지 않으려면, 나와 상대방 사이에는 적당한 거리가 필요해진다.

그런 점에서 허영심에 사로잡힌 영혼은 더 많이 외로운 법이다. 화려한 은막 뒤의 스타들이 호소하는 공허함, 외로움, 우울증은 그들이 특별히 심리적으로 연약한 유전자를 갖고 태어났기 때문이 아니다. 언제나 과장되어 포장된 이미지 뒤에 자신을 감춰야 하는 그들의 직업적 특성은, 자칫 잘못하면 스포트라이트가 비추지 않는 곳에서 자신들의 본연의 모습에 더 어색해하며 적응하지 못할 가능성이 훨씬 큰 것이다.

따라서 사람들의 이목이 쏠리는 자리에 빈번히 서는 사람들은 누구보다 그 자신의 내면세계를 바르게 구축하는 일에 힘을 쏟아야 한다. 연예인들과 마찬가지로, 현대의 목회자들은 자신이 원하건 원하지 않건 그런 주목받는 자리에 서 있는 자들이다. 교인들의 사랑을 받는 목회자는, 점점 교인들의 박수와 감동하는 모습에 끌려 자신의 설교와 사역을 준비하게 된다. 그는 점점 처음 사역을 시작할 때의 마음과는 다르게 그 자신의 내면세계보다는 사람들 앞에 보이는 겉모습을 꾸미는 데 더 많은 시간과 노력을 쏟아 붓게 된다. 연예인들과 마찬가지로, 한껏 사람들 앞에서 그럴듯한 이미지를 갖고 박수를 받으며, 주목을 받고, 인정받는 그들은 본연의 자리로 물러나는 그 시간, 크나큰 공허함과 외로움에 사로잡힌다. 그리고 어떻게든 그러한 영적 공백을 채우려고 잠시 노력해보지만, 여전히 나를 향해 기뻐하며, 감동하고, 환호하는 사람들의 모습을 지울 수가 없다. 서두에 언급한 것처럼, 개인 경건의 시간이 설교준비로 변형되는 순간은 많은 목회자나 리더들이 지금 이 순간에도 경험하는 유혹일 것이다.

이 같은 현상에 대해 일찍이 존 크리소스톰은 "다른 죄악들은 마귀의 종이 되는 가운데 기생하지만, 허영심의 경우는 그리스도의 종의 자리에서도 기생할 수 있는 죄악이다"라고 경고한 바 있다.26) 사람들에게 보인다면, 허영심은 겸손의 이름으로도, 섬김의 얼굴로도, 희생의 몸짓으로도 얼마든지 나 자신을 돋보이게 할 수 있다. 무엇보다 비극적인 사실은 하나님을 높여 드리는 상황이 정작 자신을 과시하는 시간으로 변질한다는 데 있다.

이처럼 허영심의 가장 심각한 문제는 나 자신이 주목받는 중심의 자리에서 내려오지 않으므로 하나님께 합당한 영광을 가로채며 살아간다는 데 있다. 하나님을 높여 드리는 겸손한 마음도, 허영심에 빠지면 겸손한 나의 모습으로 사람들 앞에 주목받고자 안간힘을 쓰는 모습으로 변질하여 버리고 만다. 하나님께 영광을 돌린다며 성실하게 쉬지 않고 성장시킨 교회도, 허영심에 사로잡히게 되면 나의 치적이자 명예가 되어 버리고 만다.

구도자 중심 예배의 함정

오늘날과 같이 물질적이고, 외형적인 이미지가 중시되는 소비주의 시대의 교회들은 무의식중에도 허영심의 늪에 쉽게 빠질 수 있는 불리한 상황 가운데 있다. 멀티미디어를 통한 세련된 예배는 현대의 멋진 cool 성도들에게 복음을 전할 수 있는 유용한 도구가 될 수 있겠지만, 자칫하면 '세련된' 것이 '예배'를 압도하는 주객전도가 될 수 있음을 유의해야 한다. 바울은 이에 대해 질그릇과 보배라는 은유적인 표현으로 명확히 한 바 있다. "우리가 이 보배를 질그릇에 가졌으니 이는 능력의 심히 큰 것이 하나님께 있고 우리에게 있지 아니함을 알게 하려 함이라."고후4:7 문제는 오늘날 질그릇이 너무 드러난다는 데 있다. 이미지와 효과impact에 연연하는 iChurch 그리스도인들은 질그릇에 온갖 화려한 보화를 박아 넣느라 여념이 없다.

그러나 이미 오늘날 미국에서는, 많은 메가 처치의 이미지 중심의 구도자 중심 예배에 싫증나 소형교회로 움직이는 신앙인들의 모습이 눈에 띄게 많아졌다. 그 마음속에 하나님을 진심으로 찾고자 하는 이들이 진정 원하는 예배는 멋지고 세련된 예배가 아닌, 진정성 있는 예배라는 사실을 미국의 교회들은 새롭게 배워가고 있다.27)

구도자 중심의 예배 혹은 열린 예배는 나름의 목적이 있다. 그것은 교회 밖에서 교회에 대해 갖고 있던 부담감 내지는 거리감, 그리고 종교적 경직을 내려놓고 복음을 경험하게 하는 전도 중심의 예배라고 할 수 있다. 기존의 눈높이를 불신자 혹은 구도자의 눈높이로 낮춘 예배이다. 실제로 종교라는 껍데기를 벗고도 우리는 충분히 그리스도의 복음이 바르게 전달된다는 사실을, 또한 이를 통해 한 영혼이 회심을 경험한다는 사실을 이러한 예배들을 통해 확인해 오고 있다.

그러나 이 같은 장점에도 열린 예배나 구도자 중심의 예배는 보이는 것에 상당한 무게중심을 둔다는 점에서 위험요소가 많이 내재한다. 즉 우리는 진정성 있는 예배를 하나님께 드리는 데 목적을 두기보다는, 처음 예배에 나온 이들이 어떻게 하면 끝까지 예배를 지루하지 않게 참여할까를 더 염려하며 예배를 준비할 수 있다는 것이다. 예배의 주인이 하나님이 아닌 구도자들이 될 수는 없는 일이지 않은가?

iChurch 시대의 예배는 멋진 이미지에 상대적으로 많은 관심을 쏟고 있다. 그러나 이 같은 접근 방식은 하나님의 구원 계획과는 전혀 다른 접근법을 갖고 있다는데 문제가 있다. 이사야서는 장차 오실 메시아의 모습이 전혀 멋지지 않은 이미지였음을 상기시켜준다. "그는 주 앞에서 자라나기를 연한 순 같고 마른 땅에서 나온 뿌리 같아서 고운 모양도 없고 풍채도 없은즉 우리가 보기에 흠모할 만한 아름다운 것이 없도다."사53:1 실제로 주께서 세상에 오셨을 때, 기껏 얻으신 별명은 술꾼이라거나 죄인들의 벗이었다는 사실은 오늘날 우리의 방식과는 달리 주님께서는 남들의 눈에 보이는 이미지에 집착하지 않으셨음을 확인시켜 준다. 바울 역시도, "전도의 미련한 것으로 믿는 자들을 구원하시기를 기뻐하시는" 하나님에 대해 고린도교회에게 상기시켜 주고 있다. "유대인은 표적을 구하고 헬라인은 지혜를 찾으나 우리는 십자가에 못박힌 그리스도를 전하니 유대인에게는 거리끼는 것이요 이방인에게는 미련한 것이로되"고전1:22-23 한마디로 이미지에 급급한 세대에게 하나님께서는 역으로 그 시대의 가장 굴욕적인 이미지로 승부를 겨루심으로 구원을 이루셨다는 이야기다. 과연 현대 교회는 그렇게 하고 있는가? 수십억 원의 돈을 들여가며, 최고의 시설로 복음을 전하겠다는 어느 대형교회들의 야심 속에 과연 연한 순 같고, 모양도 없고 풍채도 없는 예수의 모습이 함께 하는가? 과연 그들은 끝까지 전도의 미련한 것으로 승부를 겨루고 있는가?

허영심의 온상 소셜 미디어

개인적으로 한 달여간 페이스북facebook에 가입하여 체험해 본 적이 있다. 말 그대로 페이스북은 이 시대의 막강한 소셜 미디어로, 인맥이 좁은 저자조차도 그 안에 들어가니 그동안 기억 속에서도 잊고 지내던 옛 친구들과 선후배들, 은사, 제자들 등을 두루 만날 수 있었다. 지금 이 순간도 누군가는 페이스북에 올린 저자의 이름을 보고, 친구가 되자는 메일이 날아오고 있다. 그럼에도, 저자는 페이스북을 곧 그만두고 말았다. 한 달간의 체험을 통해 느낀 소감은 페이스북이 여러 사람과 쉽게 접촉할 수 있는 편리한 공간이라는 장점이 있지만, 그 편리함이 결코 깊이를 보장하지는 않는다는 사실 때문이었다. 소셜 미디어의 응집력은 타의 추종을 허락하지 않지만, 한두 마디 문장을 통해 자신의 일과를 알리고, 감정 상태를 전하는 따위의 행위들이 결코 서로 더 온전히 알고, 깊이 있는 만남을 형성하도록 해 주는 것은 아니었기 때문이다. 어쩌면 페이스북에 참여하는 이들은 이미 그런 사실을 잘 알고 있을 것이다. 실제적인 고민을 나누며 상대의 견해를 진지하게 받아들이려는 공간이기보다는, 그저 서로 어딘가에 살아 존재하고 있으며, 생활 속에 느끼고 있으며, 때론 멋진 곳에서 맛나는 음식을 먹고, 좋은 문화 공연을 보러 다니는 것 등을 알리며, 거기에 몇몇 친구들은 추임새를 넣어주는 정도의 공간쯤으로 활용하고 있다. 소셜 미디어는 결코 우정을 맺는 장소는 아니다. 참여하기 싫으면 클릭하지 않으면 그만이다. 누구도 참여하지 않는 나에 대해 궁금해하지 않는다. 페이스북은 심각하지 않다. 오히려 심각한 이야기들은 외면받는 곳이 그곳이다. 그저 가볍게 와서 가벼운 일상과 감정을 기록하고, 또 거기에 대한 짧지만 신선한 댓글들이 오가는 곳이 페이스북이다. 한마디로, 페이스북을 비롯한 소셜 미디어는 진정한 접촉authentic connection을 원하는 이들에겐 당황하게 하는 곳이다. 그곳에 있는 당신의 친구들은 당신의 삶에 그다지 관심이 없다. 당신이 우울하다면 한두 마디 위로와 조크를 남길 것이고, 당신이 한동안 뜸하다 들어오면, 그저 오랜만이라고 인사할 것이다. 페이스북은 한마디로 놀이터다. 서로 비슷한 방식으로 놀다가 떠나고 싶을 때 떠나는.

　소셜 미디어에서처럼, 방금 일어난 소소한 일상과 상황들을 바로바로 사람들 앞에 공개하는 일에 우리의 시간과 관심을 쏟다 보면 자연스럽게 우리는 자신의 삶에 대해 스스로 심사숙고하고, 내면세계를 충실히 가꾸는 데 그만큼 인색해진다. 사람들 앞에 나의 그때그때의 동태를 보고하는 일에는 민첩해질 때, 그리고 그 가운데 상대방들의 반응을 점점 더 의식하게 될 때, 우리는 이미 하나님 앞에서 나를 내려놓는 일에 흥미를 잃어가고 있을 것이다. 현대의 소셜 미디어가 우리의 실제 오프라인에서의 삶과 관계성에 미치는 영향에 대한 연구는 앞으로 계속 되어야 하겠지만, 분명한 사실은 우리의 시간과 마음이 있는 곳에 우리의 영도 함께한다는 점이다. 그리고 그러한 자리에서 우리는 우리도 모르는 사이에 나 자신을 드러내고, 과시하는 습관에 점점 더 익숙해진다.

소셜 미디어뿐만 아니라 오늘날의 각종 웹 문화는 허영심의 습관을 형성하는 새로운 온상으로 자리 잡고 있다. 유투브YouTube나 각종 블로그, 홈페이지 등을 보게 되면, 그것이 단순한 교류와 소통을 위한 수단이라기보다는 근원적으로 누군가에게 자신을 드러내고픈 인간의 욕망을 충족시켜 주고 있다. 왜 나의 여행기나 내가 먹은 음식 등이 알지도 못하는 누군가에게 알려져야 하는 걸까? 왜 나의 개인적인 사생활이 담긴 비디오가 알지도 못하는 사람들에게 보여야 한단 말인가? 왜 나는 온라인을 통해 신제품에 대해 세세한 품평을 해야 하는 걸까? 왜 나는 누가 시키지도 않은 연예평론가나 문화평론가가 되어 그때그때의 이슈에 대한 나의 논리와 비판을 글로 소개하는 걸까? 물론 좋은 의미의, 건강한 웹 공동체를 형성하는 예도 많이 있을 것이다. 꼭 영리를 목적으로 한 출판이 아니더라도, 자신의 경험과 생각들을 함께하고픈 건강한 마음들도 있을 것이다. 그러나 20세기 말 갑작스럽게 우리의 삶으로 유입된 웹 문화는 우리 자신도 모르는 사이에 사람들 앞에 나 자신을 과시하고 드러내고자 하는 욕망을 부추기는 손쉬운 도구가 된다는 사실 또한 잊어서는 안 될 것이다. 특히 오프라인의 실제 삶에서 건강하게 형성되지 못한 관계성에 대한 일종의 보상심리로 몰입하는 온라인상에서의 활동이라면, 거기에는 더욱 허영심이 깃들기 쉽다.

사막 혹은 골방

사람들 앞에 스스로 드러내려는 마음을 다스리는 방법은 단순하다. 사람들 앞에 나서지 않으면 된다. 이미지가 문제라면, 사람들 앞에 나를 드러내지 않으면 된다. 나를 교묘히 높이며 상대를 무참히 짓밟는 교묘한 내 말이 문제라면, 말을 하지 않으면 된다. 가장 원초적인 방법이지만, 그런 이유 때문인지 그동안 우리는 이 같은 해결책을 그다지 진지하게 받아들이지 않았던 것 같다.

헛된 영화를 포기한다는 것은 우리 자신이 주목받는 중심의 자리에서 내려오는 일을 요구한다. 처음부터 끝까지 "이것은 나에 대한 것이 아닙니다"라는 태도가 중요하다. 세례침례 요한과도 같이 우리는 "그의 신들매 풀기도 감당치 못할" 나 자신의 분명한 정체성을 과도한 자기 PR의 시대에 새롭게 배워야 할 필요가 있다. 세례침례 요한은 사막의 삶을 살았다. 그는 사방으로 생존을 위해 의존할 것이 절대적으로 열악한 자리에서 하나님만을 의지하며 자신을 겸비했다. 외식과 허영이 빠진 유대 종교인들로부터 하나님을 향한 영적 순수성을 지키고, 사람들의 관심과 칭찬에 의해 스스로 정체성을 세워가는 헛된 삶의 방식을 지양

하기 위해 세례침례 요한은 기꺼이 물러섬의 자리로서의 사막을 택했다. 하물며 오늘날처럼 이미지가 전부인 세상에서는 어떻겠는가. 허영심을 쫓으려면, 우리는 기꺼이 도시 속에서 사막을 찾아야 한다.

하나님의 아들이셨던 주님조차도 때때로 무리가 없는 한적한 곳으로 물러나시곤 했다.막1:35 그뿐만 아니라 주님께서는 사람들 틈에서 사역하는 제자들에게 사막으로 물러나 달라고 요구하셨다. "사도들이 예수께 모여 자기들의 행한 것과 가르친 것을 낱낱이 고하니 이르시되 너희는 따로 한적한 곳에 와서 잠깐 쉬어라 하시니"막6:30-31 늘 무리 속에서 복음을 전하는 주님과 그 제자들은 스스로 의도하지 않아도, 자신들을 향해 켜진 스포트라이트에 익숙해질 위험에 항상 노출되어 있었기 때문에, 정기적인 고독한 자리로의 물러섬이 필요했다.

주님께서는 실제로 신앙인이 허영심에 더 쉽게 노출될 수 있음을 산상설교를 통해 지적하셨다. "사람에게 보이려고 그들 앞에서 너희 의를 행치 않도록 주의하라"마6:1 "…구제할 때에 외식하는 자가 사람에게 영광을 얻으려고 회당과 거리에서 하는 것 같이 너희 앞에 나팔을 불지 말라"마6:2 "또 너희가 기도할 때에 외식하는 자와 같이 되지 말라 저희는 사람에게 보이려고 회당과 큰 거리 어귀에 서서 기도하기를 좋아하느니라"마6:5

주님께서는 이 같은 외식과 허영에 사로잡힌 신앙에 대한 대응책으로 "골방"이라는 신앙의 자리에 대해 구체적으로 명시하셨다. "너는 기도할 때에 네 골방에 들어가 문을 닫고 은밀한 중에 계신 네 아버지께 기도하라 은밀한 중에 보시는 네 아버지께서 갚으시리라"마6:6 골방은 나의 이미지를 새롭게 구축하는 공간이 아니다. 거꾸로 시장과 거리에서 형성된 거짓된 이미지들을 허물고, 참된 나의 내면세계로 들어가는 공간이다. 사막의 교부 모세는 그 제자에게 "네 골방에 들어가 앉아 있으라. 그리하면 너의 골방이 너에게 모든 것을 가르칠 것이다"라고 말한 바 있다.28)

이처럼 홀로 거하는 자리는 기독교의 고전적인 영적 분투의 처소이다. 하나님께서 이스라엘에 물러섬과 중단으로서의 안식일을 지킬 것을 명하신 이유도 그와 관련된다. 어떤 생산성도, 효율성도 없는 안식일을 이스라엘에 요구하신 이유는 세상 속에서 형성될 수 있는 거짓된 자아, 외식, 허영심 등과 절대 무관하지 않다. 이 같은 안식일의 리듬을 지킬 것을 말씀하실 때, 하나님께서는 "내가 거룩함과 같이 너희도 거룩하라"는 강도 높은 논리를 펼치신다. 거룩의 본디 의미가 '구별하다', '구분짓다'인 것처럼, 세상의 이미지 가운데 현혹되어 살아가는 하나님의 백성은 그 삶 가운데 정기적으로 하나님의 리듬에 맞춰 다시금 자신의 정체성을 세상의 그것으로부터 구분 짓는 노력이 필요하다.

전통적으로 기독교 영성의 대가들도 한결같이 고독한 자리로 물러서라고 요청한다. 그것은 사람들로부터의 결별을 위한 은둔의 목적이 아니다. 그들이 요구하는 고독한 시간은 한가하게 차 한 잔을 마시며, 음악을 듣는 낭만적인 목적을 위함도 아니다. 그 시간은 이제껏 세상 속에서 구축한 거짓된 자아manipulated self를 넘어서, 참된 내 자아를 향해 나아가는 시간이다. 그 참된 자아는 세상의 그 어떤 것에 의해서가 아니라, 창조주에 의해 이 땅에 지음 받은 내가 그분에게 사랑받는 자임을 확인케 한다. 그리고 그 신뢰의 관계 속에서 나는 온전한 '나 됨'을 위한 조건들이 결코 세상 속에서 구축되는 이미지들에 의해서가 아님을 확인하게 된다.

골방이나 사막과 같은 물러섬의 자리는 결핍의 자리처럼 느껴진다. 타임스퀘어나 레드카펫, 최소한 페이스북 정도는 되어야 우리는 거기서 효율과 생동감을 느낄 것으로 생각한다. 성경은 진정한 삶의 효율과 생동감이 발원되는 곳이 세상의 스포트라이트를 받는 곳이 아닌 하나님과 내가 홀로 대면하는 곳임을 '생수의 강'이라는 이미지를 통해 가르쳐 주고 있다. "나의 주는 물은 그 속에서 영생하도록 솟아나는 샘물이 되리라"요4:14 "또 저가 수정같이 맑은 생수의 강을 내게 보이니"계 22:1-2 "강 좌우 가에는 각종 먹을 과실나무가 자라서 그 잎이 시들지 아니하며 열매가 끊이지 아니하고 달마다 새 열매를 맺으리니 그 물이 성소를 통하여 나옴이라 그 열매는 먹을 만하고 그 잎사귀는 약재료가 되

리라" 겔47:12

  우리는 구태여 강물을 강요한다거나, 스스로 강물을 만들려 할 필요가 없다. 이미 우린 그 강물 속에 있기 때문이다. 신앙이란 바로 그 강물의 흐름에 내 몸을 맡기며 나아가는 것이다. 우린 이미 우리 곁에 계시며, 풍성한 삶을 주시는 생수의 강과도 같은 하나님의 품에서 '예' 라고 답하는 법을 배워야 한다. 허영심에 사로잡혀 사람들 앞에서 어떻게든 나만의 강물을 만들려는 헛된 노력 없이도, 나의 삶은 이미 나보다 크신 분이 이루시는 거대한 물줄기의 한 부분이라는 사실을 우리는 새롭게 깨달아야만 한다. 비록 사막과 골방의 자리는 머물러 있기 어려운 자리이지만, 그래서 아무리 탁월한 영적 대가라도 당장에 그곳에서 뛰쳐나오고픈 유혹과 매번 싸워야 하지만, 바로 그 사막에서 길을 내시며, 물 댄 동산을 만드시는 하나님 되심을 기억하며, 우리는 기꺼이 그 자리로 들어가야 할 것이다.

5. 분노

**만일 너를 분노케 하는 누군가를 꾸짖고 싶어 한다면,
너는 네 욕망에 영합하는 것이다. 상대를 구원한다면서
자기 자신을 잃어버리지 마라.** 마카리우스 29)

"…너희가 알거니와 사람마다 듣기는 속히 하고 말하기는 더디 하며 성내기도 더디 하라. 사람의 성내는 것이 하나님의 의를 이루지 못함이니라" 약 1:19-20

"내 존재 안쪽에 깊이 뿌리박은 싸늘한 분노에서 돌이켜 집으로 돌아오는 길이 얼마나 멀던지요. 방탕하게 놀다가 되돌아오는 길이 차라리 가까울 것입니다. 헨리 나우엔, 30)

모든 것을 태워버리다

리사 노왁Lisa Nowak이라는 한 전도유망한 여인에 대해 아는가? 몇 해 전 우리나라는 물론 세계 언론의 관심거리가 되었던, 한국 최초의 우주인 이소연보다 먼저 우주인이 되어 성공적으로 그 임무를 수행하고 돌아온 여인이었다. 이 같은 업적에서 이미 짐작하겠지만, 그녀는 촉망받는 리더이자 엘리트였으며, 한 가정의 엄마이기도 했다. 그녀는 고등학교 때, 대표로 졸업연설을 했고, 미국 공군사관학교에서 우주공학으로 석사학위를 받았다. 주변 사람들은 그녀가 재치 있고 전도유망한 여인이라고 한결같이 말해왔다.

그러던 노왁이 2007년 2월, 살해기도 혐의로 경찰에 체포되었다. 체포될 당시 그녀는 휴스턴에서 뉴올리언스까지 자동차로 1,400킬로미터를 달렸고, 차 안에는 칼과 장갑, 총 등이 발견되었으며, 그녀는 어른용 기저귀를 차고 있었다. 그녀는 자신의 애인을 빼앗으려 한다는 위기감에서 한 여인을 살해하려고 그 먼 길을 분노와 광기 가운데 쉬지 않고 달렸던 것이다. 그녀의 부모는 충격 가운데 이렇게 말했다. "리사의 사생활과 전문가적인 삶을 고려할 때, 이 사건은 그녀의 평소 성품에서 전혀 벗어난 일이며, 가족 모두는 지금 엄청난 충격에 빠져 있습니다." 그날 미국의 시청자들은 뉴스를 통해 이제껏 알고 있었던 노왁의 눈부신 대중적 가면과는 전혀 다른 모습의 그녀를 보게 된 것이다.

어디 이런 문제가 노왁의 경우에만 해당할까? 이 사건과 관련해 『리더십의 그림자』를 공동 저술한 맥킨토시와 리마는 다음과 같이 덧붙인다: "평상시 불안정한 감정, 건강하지 못한 상호 의존적인 관계, 수치심, 깊이 억제된 분노 혹은 두려움의 감정 등을 건강한 방식으로 다루지 못한다면, 그것들은 우리의 삶과 리더십에 막대한 피해를 줄 것이며, 결국 우리 자신은 물론, 주변 사람들 모두를 위험에 처하게 할 것이다."[31]

리사 노왁의 분노는 하루아침에 그녀가 이룬 모든 것을 무의미하게 했다. 분노의 순간, 그 어느 것도 그녀의 정체성을 지키는 데 도움을 주지 못했다. 화장실 갈 시간조차 아껴가며 수백 킬로미터를 달려온 그녀의 마음속에 타오르던 분노를 상상해 보라. 분명히 분노 가운데 있던 그녀의 모습이 리사 노왁이라는 여인의 전부는 아닐 것이다. 그러나 분노의 불길은 모든 것을 태워버리고 말았다. 지금쯤 리사 노왁은 헨리 나우엔이 자신 안에 감추어진 탕자의 비유에서의 맏아들의 분노에 대해 사실적으로 묘사했던바, 그 "멀고도 싸늘한 분노의 길"에서 뒤늦게 돌아오고 있을지 모른다.

외적인 포장이 중요하며, 관계에는 서툴며, 멋진 것을 선호하는 소비주의 문화에서 리사 노왁과 같이 겉과 속이 전혀 다른 유형의 인간은 더 많이 나타날 수밖에 없을 것이다. 특히 분노와 관련해서, 제2의, 제

3의 리사 노왁은 멀지 않은 곳에서 쉽게 찾을 수 있을 것이다. 비록 분노가 아름답지 못하지만, 그럼에도 분노는 시기심처럼 안으로 꼭꼭 감춰두기 여간 쉽지 않은 죄악 된 마음이기 때문이다.

적은 내부에 있다

죄악 된 세상을 살아가는 모든 인간은 분노에서 벗어날 수 없다. 야고보와 요한은 '보아너게'라는 이름을 가졌으니, 그 뜻은 우뢰의 아들들이었다. 실로 그들은 자신들을 받아들이지 않는 사마리아의 한 촌에서 쫓겨나고서, 그 이름값을 하는 것을 볼 수 있다: "제자 야고보와 요한이 이를 보고 이르되 주여 우리가 불을 명하여 하늘로부터 내려 저들을 멸하라 하기를 원하시나이까"눅9:54 최초로 라틴어 불가타 성경을 번역했던 제롬 같은 경우 그 격한 성격과 분노가 둘째 가라면 서러울 정도였다고 한다. 17세기 영적 지도자였던 프란시스 드 살레의 경우 아주 온화한 성품을 가진 영성가였지만, 그 역시 고백하기를 자신의 성난 파도와 같은 성격을 조절할 수 있기까지 무려 20년 이상 걸렸다고 고백하고 있다.32)

현대인들은 수도원 수도사들의 가장 큰 애로사항이 성적인 문제라고 생각하기 쉽지만, 그들이 실제로 가장 힘겨워하며 분투하던 죄악의 목록 역시 분노라고 한다.33) 환대와 온유함의 상징이라 할 수 있는 수도사들의 가장 힘겨운 고투 중의 하나가 분노라는 사실은 의외다. 인간

관계는 어디서나 힘들고 공동체 안에는 갈등과 분노의 불씨가 항존한다는 말이 다시금 확인되는 순간이다. 세속 사회와는 달리 별다른 분노의 소재도 없을 것만 같은 수도원에서 수도사들은 누구의 레시피로 만든 으깬 감자 요리가 더 맛있는가를 가지고도 분노와 시기심에 사로잡힌다고 한다. 어디 분노의 불씨는 공동체 안에만 있겠는가? 전에 몸담고 있던 세상에서의 풀지 못한 불의의 경험들은 여전히 수백 마일 떨어진 외진 수도원 안까지 쫓아와 수도자의 마음속에 보복과 응징의 응어리로 되살아나기도 하는 것이다.

한 수도사가 거듭 분노에 휩싸인 자신의 모습을 보게 되자 그가 머물던 수도원을 떠나기로 작정했다. "이제 이곳을 떠나 더 깊은 곳으로 들어가리라. 그 누구와도 말하지 않으며, 듣지 않으며 독거의 삶을 살아가리라. 그 깊은 독거를 통해 나는 다시 마음의 평화를 되찾을 것이며, 내 안의 이 맹렬한 분노는 사라지리라." 그렇게 수도사는 깊은 사막으로 들어가 동굴 안에 기거하며 독거의 수련을 새로이 시작했다. 그러던 어느 날, 찰흙으로 만든 물병에 물을 채우던 그가, 자리에 앉자 물병이 중심을 잃고 쓰러져 물을 엎지르고 말았다. 이에 그는 다시 물을 채우기 시작했다. 그러나 물병이 또 쓰러진다. 세 번째로 물을 다시 채웠을 때에도 물병은 또다시 쓰러지고 말았다. 이에 화가 난 수도사는 물병을 바닥에 내동댕이쳤다. 찰흙으로 된 물병이 산산조각이 나자 그는 비로소 제정신이 들었다. 분노의 전쟁은 다른 사람과의 관계 속에서 이루어지는 것이 아닌, 바로 자신의 내면에서 일어나는 것임을 비로소 깨달은 순간이었다. 이에 그는 짐을 싸서 다시 전에 머물던 공동체로 발길을 돌렸다.34)

대부분의 분노는 환경 탓이나 남의 탓이라고 할 수 없다. 분노의 원인을 외부로 돌릴 때, 내 중심에서 확인되는 사실은 나의 감정과 나의 판단과 나의 주장을 포기할 수 없다는 확고함이다. 그때 우리는 겸손을 잃는다. 그러나 분노할 상황에서 보상받아야 하며, 응징해야 할 나 자신의 권리를 포기하고, 모든 권리를 주님께 맡길 때, 우리 안에는 겸손이 찾아온다. 한 노인에게 무엇이 겸손인가에 대해 물었다. 그러자 노인은 다음과 같이 답했다고 한다. "만일 어떤 형제가 당신에게 잘못한 것을 참회하기 전에 그를 용서할 수 있다면 그것이 바로 겸손이네."35)

이처럼 분노는 내면에서 분투하며 다스려야 할 죄악이지, 결코 다른 외적 환경이나 상대방을 개선한다고 얻어질 수 있는 것이 아니다. 그렇다면, 왜 우리의 마음속에서는 항상 분노의 불길이 꺼지지 않는 것일까?

분노의 배후

분노의 이유는 무수히 많겠지만, 분노의 근원지가 나의 마음이라고 했을 때, 내가 유독 더 분노할 수밖에 없는 상황들에 대한 이유는 크게

4가지로 요약될 수 있다. 첫째는 교만이다. 분노하는 사람들의 공통된 메시지는 "지금 내가 생각했던 대로 상황이 진행되지 않는다!"는 것이다. 그 대상이 사람이건, 엎어진 물병이건 상관없이 지금 눈앞에 주어진 것은 장애물이며, 난관이며, 부당하다는 것이다. 다시 말하자면, 나라는 존재의 수준에서는 있어서는 안 될 일이 벌어지고 있다는 것이다. 실제로 사회적으로 성공했다거나 권위 있는 자리에 오른 사람들일수록 작은 것 하나에도 자신을 업신여기는 것이라며 펄쩍 뛰는 경우가 많다. 자신의 권위와 명예에 걸맞은 대접을 안 해준 것에 대한 참을 수 없는 마음이 터져 나오는 것이다.

교만한 마음은 분노의 온상이 된다. 문제는 소비주의 시대의 생활방식이 교만을 부추기는 식의 삶을 추구하는 경우가 대부분이라는 데 있다. 나는 더 우월한 대우와 생활방식과 소비와 관계성을 이룰만한 자격이 있다는, 한마디로 제대로 된 삶을 살 자격이 있다는 생각들이 매 순간 내 마음을 둘러싸고 있으니, 그런 상승모드에 맞지 않는 것들은 자신에 대한 업신여김이며 방해물로밖에 보이지 않게 된다. 그러나 예수께서는 이와는 정반대로 하향성의 삶을 사셨다. 그분은 가난하고 죄악 된 이들과 함께 하며 그들 속에서 하나님을 알았다. 그리고 끝까지 그 내리막길로 나아가 십자가에 못 박혀 죽임당하셨다. 이처럼 그 아들 예수 그리스도를 통해 인간에게 보인 하나님의 사랑은 하향성이었다. 우리가 지금도 옳다고 우기며 지향하는 길과는 달라도 너무나 다르다.

우리 안에 겸손이 성립할 수 있는 조건은 내가 세상적으로는 충분한 자격이 되면서도, 그리스도를 믿는 종의 마음으로 그 권리를 포기하는 모습 속에 있다. 집 앞의 나무를 내 맘대로 부러뜨리고 불태울 수 있지만, 하나님의 창조물이기에 정성껏 돌보는 마음속에 겸손이 깃든다. 바쁜 와중에 내 앞에 나타나 도움을 청하는 이를 외면할 수도 있지만, 가난하고 약한 자들 가운데 계신 하나님을 기억하며 기꺼이 그 이야기에 귀 기울이는 마음속에 겸손은 이미 와 있다.

그러나 분노는 다르다. 내 삶이 상향적인 삶의 길로만 진행해 나갈 때, 우리는 좀처럼 거기서 하나님의 마음을 내 안에 품을 수 없을 것이다. 거기서는 예수 그리스도의 길이 안 보이며, 성령님의 속삭임보다는 내 자아의 권리와 욕망과 조바심만이 커 보일 것이다. 내가 아닌 모든 것은 분노의 대상이 되기에 때로는 하나님조차 내 분노의 사정거리 안에 있게 된다.

우리 마음에 분노가 자리하는 두 번째 이유는, 시기심이나 허영심의 경우와 마찬가지로 오늘날 우리가 잘못된 방식으로 우리 자신의 정체성을 형성해 나가고 있기 때문이다. 열등감에 시달리며 살아가는 이들은 관계 속에서 잦은 충돌을 일으키곤 한다. 다른 사람들은 아무렇지도 않은 이야기에 홀로 상처를 받고, 분을 삭이지 못하는 경우가 많다. 그들은 자신의 정체성을 항상 다른 사람들의 말과 평가에 의해 형성하려

했기 때문에, 지금 이 순간에도 그들은 다른 사람들의 말과 그들이 자신을 어떻게 보고 있는가에 의해 자신의 존재감을 확인한다. 그런 그들은 주변인들의 기대치에 부응하기 위해 각고의 노력을 다하며, 더 좋은 평판을 얻으려 애쓰게 된다. 늘 사람들에게 주목받고 싶은 그 마음에는 거절과 전보다 약한 칭찬, 무심함, 침묵 등에 의해 증폭되는 초조감과 배신감, 불안, 스트레스가 가득하다. 그것들은 기회만 된다면, 맹렬한 분노로 터져 나올 것이다. "내가 당신을 위해서 얼마나 노력했는데!", "내가 이 회사를 위해 얼마나 많은 것을 참아냈는데!", 내가 뭐 이제까지 좋아서 너와 같이 산 줄 알아?" 흔히 주변에서 들을 수 있는 이런 분노의 발언들 뒤에는 늘 누군가로부터 인정받고 싶었던 마음, 또 그런 주변의 평판에 의해 자신의 정체성을 형성하려 했던 그 조바심 나는 마음이 감추어져 있는 것이다.

세 번째 이유는 두려움이다. 오늘날 세상은 두려움으로 가득 차 있다. 특히 9.11 이후의 서구 사회는 두려움의 노예가 되어 있는 듯하다. 그리고 그런 두려움을 해결하는 방법 가운데 하나는 "선제공격"이다. 실제로 있는 위협이 아닌, 그 위협의 잠재력만으로도 먼저 폭력을 선제하는 일이 9.11 이후의 세상에서는 정당화되고 있는 현실이다. 조지 부시는 이러한 일을 주도한 장본인이었다. 9.11 직후인 2002년 여름 웨스트포인트에서 행한 연설에서 그는 다음과 같이 말했다. "우리나라의 안보는 모든 미국인의 진취적인 단호함이 필요합니다. 우리의 자유를 지키고 우리의 생명을 지키려면 선제 공격도 기꺼이 준비해야 합니다."36) 이 같은 부시의 생각은 그해 9월 국가 안보전략의 하나로 확립되었다. "미국이 계속해서 국제 사회의 지지를 요청하면서도, 미국인과 미국에 해를 입히는 테러리스트들의 도발을 막는데, 필요하다면 그들에 대한 선제공격도 불사함으로 우리의 정당방위 권리를 독자적으로라도 실행하는 일을 주저하지 않을 것입니다."37)

위협이 실제로 있지도 않으면서, 그것이 현실이 될 것이 두려워 아예 의심스러운 것은 폭력을 동원해 다 근절해 버리겠다는 논리 속에는 두려움에 뿌리를 둔 분노와 적개심이 농축되어 있다. 우리 안에 있는 두려움은 실제로 있는 우리 바깥의 두려움보다 더 위험스러운 것이다. 그 내면의 두려움을 극복하지 못할 때, 우리는 실제로 있지 않은 위협에도 분노하며, 방아쇠를 당길 수 있다. 실제로 이 같은 비극은 2005년 7월 22일 런던의 한 지하철역에서 발생했다. 쟝 샤를 드 메네제스라는 브라질의 전기 기술자가 런던 경찰에 의해 무참히 머리를 난사 당한 채 죽은 사건이다. 이는 미국의 선제공격 지침과도 같은 '즉각사살규약' shoot-to-kill protocol에 의한 것으로 테러리스트가 폭발물을 설치한다고 의심되면, 즉각 경고 없이 사살할 수 있도록 한 지침에 의한 비극이었다.38) 사고 후 런던 경찰은 즉시 이는 비극적인 실수였다고 말했지만, 이는 선제공격 전략이 불러온 당연한 결과였다.

극단적인 예였지만, 우리의 마음이 두려움의 논리에 굴복하게 될 때, 우리 내부의 분노는 선제공격을 서슴지 않게 된다. 불의한 사회에서의 피해의식과 두려움은 안 그래도 힘든 소비주의 시대의 관계성을 더 힘겹고 낯설게 만들었다. 나와 내가 사랑하는 이들을 두려운 세상에서 보호해야 한다는 강박감은 지나친 피해의식과 의심, 긴장감 등에 의해 엉뚱한 곳에서 분노의 방아쇠를 당기게 한다.

마지막으로 우리의 마음에 분노가 자주 형성되는 이유는 신뢰의 문제와 연관된다. 어느 날 사막의 교부 시소에스에게 불의로 희생당한 한 수도사가 찾아왔다. 그는 복수할 것이라 말했다. 시소에스는 그 수도사에게 하나님께서 대신 심판하시도록 잠잠히 있을 것을 부탁했다. 그러나 수도사의 분노는 사그라질 줄 몰랐다. "저는 복수하기 전까지는 쉴 수 없습니다." 그러자 시소에스는 수도사에게 "형제여 우리 함께 기도합시다"라고 청하며, 손을 들어 기도하기 시작했다. "하나님, 우리는 이제 당신이 필요 없습니다. 우리는 우리 스스로 복수할 수 있기 때문입니다." 그 기도를 듣던 수도사는 그제야 시소에스의 발아래 엎드려 용서를 빌었다고 한다.[39]

복수심에 불타는 분노는 하나님의 주권을 인정하지 않는다. 그래서 야고보 역시 "사람이 성내는 것이 하나님의 의를 이루지 못함"약1:20에 대해 경각심을 주고 있다. 정의의 실현을 위해 분노의 화신이 된 주인공의 이야기는 상투적인 헐리웃 영화의 수법이다. 그가 당한 부당한 고통의 강도가 심하면 심할수록, 그의 분노의 강도는 정당화되며, 눈치 빠른 관객들은 악당이 얼마나 잔혹하게 응징당할 것인가에 대해 짐작할 수 있다. 영화를 끝마치려면 분노가 없어서는 안 된다. 그러나 영화 속의 분노를 현실 세계로 끌고 와서는 안 된다. 영화 속에는 하나님이 없지만, 현실 세계 속에는 여전히 하나님이 살아계시기 때문이다.

하나님에 대한 신뢰를 잃을 때, 우리는 분노와 심판의 주체가 된다. 나우엔은 요한복음 3장 19-21절을 묵상하며 다음과 같이 말하고 있다: "예수는 하나님의 사랑에 대한 신뢰가 빠진 것으로 세상에 있는 악을 바라보셨습니다. 그분은 고집스럽게 자신에게 기대며, 하나님보다는 자신을 의지하며, 하나님의 사랑보다는 자기애에 더 끌리는 우리 자신의 모습을 보게 하십니다. 그렇게 우리는 어둠 가운데 머물러 있습니다." 헨리 나우엔의 말처럼, 빛이 세상에 왔지만, 그 빛을 신뢰하지 못하는 우리는 어둠 속에 머물며, 스스로 복수의 칼날을 가는 것이다.

의로운 분노의 조건

지금까지의 논의에서 분노는 일방적으로 악하고 해로운 것으로만 소개했다. 그러나 세상에는 의로운 분노도 있다. 그리고 이러한 의로운 분노를 표출하지 못하는 것이 문제가 되는 경우도 많다. 두려움은 분노를 선제로 격발시키기도 하지만, 반대로 정당한 분노의 표출을 억압하기도 한다. 시사 프로그램을 통해 보게 되는 매 맞는 남편 혹은 아내의 경우, 비인간적인 취급을 받으며 살아오면서도, 결코 거기에 대해 의로운 분노로 맞서지 못한다. 두려움이 압도할 때, 우리는 종종 무엇이 옳고 무엇이 잘못된 것인가에 대한 분별력을 상실한다.

의로운 분노는 바른 동인이 있어야 한다. 첫째, 죄악에 대한 분노다. 하나님은 죄에 대해 분노하신다. 초대 교회, 사막의 교부들, 수도원주의, 종교개혁 등을 통해 일어난 수많은 영적 운동은 죄악에 대한 분투라고 해도 과언이 아니다. 마틴 루터 킹이 흑인들에 대한 사회적 차별에 분노하지 않았다면, 그가 꿈꿨던 평등의 사회는 실현되지 못했을 것이다. 독재정권에 대해 분노하는 시민의 물결이 없었다면, 오늘날의 민주화는 우리나라에 이루어지지 못했을 것이다. 분투와 저항은 악에 대한 참을 수 없는 분노를 내포하고 있다.

또 다른 분노의 동인은 사랑이다. 그것은 다른 사람의 잘됨에 대한 마음에서 출발한다. 이기적인 분개는 어떤 수를 써서라도 자신의 명예를 지키며, 상대를 보복 응징하려 하지만, 사랑에 기초한 의로운 분노에는 위대한 사랑이 있다. 우리가 상대방에게 무심하다면, 우리는 분노하지 않을 것이다. 얼굴에 상처를 입고 돌아온 아이에게 부모는 속상해하며, "왜 그랬어!"라고 화를 내지만, 그 기초는 사랑하는 마음이다. 하나님의 이스라엘을 향한 기초가 사랑이 아니라면, 그렇게 계속해서 그들의 잘못된 행함에 대해 분노하며, 상대하실 필요가 없으실 것이다.

그러나 제아무리 의로운 분노라도 신중해야만 한다. 분노란 워낙 교활해서 우리 마음 안에 분한 마음이 격발할 때, 그것은 정당하다고 외치고 있기 때문이다. 그런 점에서 비록 의로운 분노라 여겨지더라도, 우리는 마지막 순간까지 주님의 기도를 잊어서는 안 된다. "내 뜻대로 마시고, 아버지의 뜻대로 하시옵소서." 그 마음 가운데 있는 분노를 어떠한 식으로든 정당화justify할 수 있는 인간은, 의로움just과 정당화justify는 결코 같은 길에 있지 않다는 사실을 항상 기억하며 신중해야 할 것이며, 거기서도 하나님의 주권을 인정하는 분명한 경계선을 인정해야 한다. 마13:24-30

그런 점에서 의로운 분노는 바른 동인과 함께 바른 분노의 표출로서 드러나야 한다.40) 이와 관련해서 드 영은 세 가지 범주의 잘못된 분노 표출의 경우를 소개하고 있다. 첫째, 너무 일찍 분노하는 것이다. 즉각적인 분노의 표출은 단순히 격한 감정으로서의 분한 감정만을 쏟아 부을 수 있다. 그러한 분노는 불의한 상황에 대한 시정보다는 자기 자신의 감정에 더 충실한 모습이기에 적합하지 않다. 둘째, 본래의 분노보다 더 많이 분노하는 경우다. 특히 상대에 대해 오랫동안 억제된 분노의 경우, 우리는 지금 일어난 일에 대한 분개보다 더 맹렬한 분노를 상대에게 토할 수 있다. 그렇게 되면, 상대방과 나의 싸움은 본질에 대한 싸움이 아닌 비본질적인 것에 대한 '유치찬란한' 싸움이 되기 시작한다.

　세 번째로 잘못 표출된 분노는 그 분한 마음을 오랫동안 품는 경우라 하겠다. 사도 바울은 분을 내더라도 해가 지도록 분을 품지 말라고 말하고 있다. 그것이 의분이라 할지라도, 분노는 쓰기 때문이다. 오랜 분노는 망상을 낳고 실제보다 큰 모습으로 우리 마음에 자리를 잡고 우리 영혼을 괴롭힌다. 내려놓지 못한 분노는 시간이 지나면 사라지는 것이 아니라, 눈덩이처럼 부풀려지기 쉽기 때문이다. 예수께서 산상설교를 통해 "예물을 제단에 드리다가 거기서 네 형제에게 원망 들을 만한 일이 있는 줄 생각나거든 예물을 제단 앞에 두고 먼저 가서 형제와 화목하고 그 후에 와서 예물을 드리라"라고 말씀하신 바 있다.마5:23-24 예배 중간에라도 형제의 원망을 풀어줘야 하는 이유는 무엇인가? 오랜 분노는 영혼을 파괴하기 때문이다. 마찬가지로 내 안에 있는 분노를 오래도록 내버려둬서는 안 된다. 분노는 기도를 막고, 우리의 영성생활을 피폐케 한다. 나의 모든 사고와 묵상은 내 분노의 정당함에 대한 이유로 점철될 것이다. 그 어느 순간에도 하나님을 향해 나아가지 못한 채로 말이다.

　우리는 의로운 분노를 표출함으로 상대방이 인식하지 못하는 죄악에 대해 지적할 수 있다. 또한, 우리는 의로운 분노를 토해냄으로 하나님 편에 속한 의와 공평과 정의를 나 자신과 상대에게 명시할 수 있다. 그러나 의로운 분노가 할 수 없는 일은 친히 원수를 갚는 일이다. "내 사랑하는 자들아 너희가 친히 원수를 갚지 말고 하나님의 진노하심에 맡기라"롬12:19 거기서 더 나아가 바울은 "네 원수가 주리거든 먹이고 목마르거든 마시게 하라 그리함으로 네가 숯불을 그 머리에 쌓아 놓으리라 악에게 지지 말고 선으로 악을 이기라"롬12:20-21라고 말하고 있다. 의분의 가장 적극적인 표현은 원수 사랑임을 잊어서는 안 된다. 같은 맥락에서 예수께서도 원수를 사랑하라는 말씀을 하시는 가운데 결론적으로 그것이 우리 자신이 이룰 완전함에 대한 마지막 단추라고 말씀하신 것이다. "너희 원수를 사랑하며 너희를 핍박하는 자를 위하여 기도하라… 그러므로 하늘에 계신 너희 아버지의 온전하심과 같이 너희도 온전하라."마5:43, 48

침묵과 용서

분노하는 사람의 논리는 정교하여 자신을 스스로 속이는 경우가 허다하다. 분노를 정당화하는 자료들을 모아 전송하는 우리 내면의 속도는 웬만한 최신 컴퓨터 속도보다 빠를 것이다. 우리는 곧잘 분노는 감정적인 반응이기 때문에 이성적으로 생각하라고 말하지만, 분노하는 사람은 이미 이성적으로 자신을 정당화할 수 있는 수많은 자료를 확보하고 있다.

그런 점에서 일차적으로 분노를 다스리는 가장 좋은 방법은 침묵이다. 침묵은 기다림의 언어다. 제아무리 이성적으로 합당한 분노처럼 여겨지더라도-사실 모든 분노가 합당한 것 같다. 그 순간에는-기다리며, 숙고할 때, 나의 분노가 옳지 않으며, 오해였으며, 참아 내는 것이 서로에게 훨씬 더 값지고 은혜로운 결과였음을 확인하게 된다. 사막의 교부 포에멘에게 한 수도사가 어떤 방법으로 악을 악으로 갚지 않을 수 있는가에 대해 물었다. 포에멘은 이에 인간 욕망의 네 단계를 설명한다. 먼저 인간의 욕망은 마음에서 차오르고, 그것이 얼굴로 나타나며, 입술로 말해지고, 마지막으로 행함에서 나타난다. 따라서 포에멘은 악을 악으로 갚지 않으려면 마음의 순결을 지키라고 말했다. 그러나 포에멘은 마음의 순결을 지키는 일이 간단치 않다는 사실을 알고, 일종의 "플랜B"를 소개한다. "만일 마음의 악한 욕망이 얼굴로 나타나게 되면, 그 순간 더는 말하지 마라. 침묵하라."41)

그러나 분노에 대한 궁극적인 해결책은 포에멘이 지적한 것처럼, 내적인 문제다. 겉으로는 대응하지 않고, 침묵하며, 물러서도, 마음속에 있는 분노의 감정이 사라지지 않는다면, 우리의 평생은 분노로 말미암아 치유되지 못한, 상하고 곪아 터진 감정으로 살아갈 수 있다. 해가 지도록 분을 품지 말라고 했던 바울은 이어지는 구절에서 다음과 같은 의미심장한 말을 덧붙이고 있다. "마귀로 틈을 타지 못하게 하라."엡4:27 그렇다. 비록 우리가 의로운 분노를 해지기 전까지 토해낼 수는 있지만, 분노는 마귀가 가장 잘 침투할 수 있는 인간의 연약한 고리라는 사실을 바울은 지적하는 것이다. 섣부른 분노로 마귀의 종이 되지 말기를 바라는 바울의 간절한 지침 뒤에서 우리는 어렵지 않게 분노를 푸는 용서라는 열쇠를 만날 수 있다. "너희는 모든 악독과 노함과 분냄과 떠드는 것과 비방하는 것을 모든 악의와 함께 버리고 서로 친절하게 하며 불쌍히 여기며 서로 용서하기를 하나님이 그리스도 안에서 너희를 용서하심과 같이 하라."엡4:31-32

예수는 분노에 대해 집요하게 우리의 행동을 제지하시면서도, 반대로 용서에 관해서는 한없이 "일흔 번씩 일곱 번"이라도 할 것을 요청하신다.마18:22 분한 마음이 우리 안에 자리하는 것처럼 해악한 것이 없기 때문이다. 마음속에 있는 분노는 상대방과의 관계를 파괴하고, 나 자신을 파괴하며, 궁극적으로 하나님과의 관계마저 끊어 놓는다. 사실 대부분의 분노는 아무것도 원상복귀시키지 못하는 반작용에 불과하다. 분노는 주도적이 아닌, 끌려가는 행위에 불과하다. 그러나 용서는 다르다. 용서는 어둠의 자리에 적극적으로 하나님의 주권과 그리스도의 사랑을 끌어들인다. 분노가 아닌 용서야말로 "악에게 지지 말고 선으로 악을 이기는" 길이 된다.롬12:21

6. 나태

**이것은 수도사들을 특히 정오의 시간에 괴롭힌다.
마치 열병환자에게, 시간이 되면 다시 오르는 열처럼 나태는
수도사들에게 동요하는 뜨거운 가슴이 되게 한다.
일찍이 옛 신앙의 선배들은 이를 시편 91편에 언급되는
정오의 악마들이라 불렀다.** 존 카시안, 42)

"너희는 가만히 있어 내가 하나님 됨을 알찌어다" 시46:10

나태에 대한 현대의 시선

미국의 대중잡지 *Harper*는 일곱 가지 죄악 중의 하나인 나태에 대해 다음과 같이 패러디한 바 있다. "만일 나태가 원죄에 해당한다면, 현대를 사는 우리는 모두 이미 천국에 있는 셈이다."43) 나태를 기독교 전

통에서처럼 치명적인 죄악으로 간주한다면, 반복되는 분주함의 쳇바퀴에서 내려오는 법을 모르는 현대인들은 적어도 그 부분에서는 성인의 수준에 가깝다는 말이다. 어느 책의 제목처럼, 게으름은 오늘날 바쁜 일과를 살아가는 현대인들에겐 찬양되어야 할 삶의 방식이거나, 최소한 현재의 멈출 수 없는 삶을 잠시라도 멈추게 할 삶의 균형을 회복해 줄 치료제일지언정, 죽음에 이르는 일곱 가지 죄악 가운데 하나라는 주장은 어불성설 같다. 탐식, 정욕, 탐욕 등과 같은 시대를 초월한 죄악들과는 달리, 적어도 나태는 분도 모자라 초 단위로 계획을 짜며 살아가는 현대인들의 리스트에서는 빠져도 되는 것 아닐까? 한마디로 현대인들에게 나태가 죄악이라는 발상은 시대에 뒤떨어진 것처럼 보인다.

오히려 나태에 대한 분주한 현대인의 관점은 나태를 자기 성장을 위해 필요한 악의 없는 타성에 젖은 시간쯤으로 이해한다. 현대인은 현재의 분주함과 얽매임에서 일탈할 수 있기를 고대하며, 그 몸에 익숙하지 않은 게으름과 나태를 새롭게 배워가고 있다.

그러나 나태를 죄가 아닌 일종의 미덕으로 여기게 된 현실은, 나태에 대한 반쪽 이해에서 비롯된다. 초대 그리스도인들은 영적인 악덕으로, 사막의 수도사들은 "정오의 악마"라는 극단적인 이름으로까지 경계했던 나태의 본디 의미들을 깨닫는다면, 우리는 다시금 일곱 가지 죄악의 목록 가운데 나태를 제일 먼저 올려놓게 될지 모른다.

분주함, 나태의 또 다른 모습

나태에 대한 현대의 관점은 나태를 게으름으로만 제한시켜 이해한다는 데 문제가 있다. 물론 게으름도 나태함의 한 증세이긴 하지만, 그것이 나태의 유일한 모습만은 아니다. 나태를 게으름으로 한정하면, 도리어 게으름의 반대인 분주함을 나태함 극복의 미덕으로 간주하기 쉬운데, 분주함 역시 나태의 한 증세라는 사실을 잊어서는 안 된다.

나태는 속도의 문제가 아니다. 달팽이처럼 느려도 나태하지 않은 사람이 있지만, 독수리처럼 빨라도 그 삶은 게으름의 늪에서 허우적대기만 하는 사람이 있다. 나름 주변 사람들을 챙기며, 언제나 반듯하게 집안을 잘 정리해 놓고 살아가는 C양은 결코 나태한 사람일 리가 없다. 그러나 그녀의 속 사람을 본다면 생각이 달라질 것이다. 마땅히 해야 할 중대한 일을 미루고 오늘도 어제와 같이 긴급한 일에 쫓겨 살아가는 그녀라면? 자신이 해야 할 중대한 일 앞으로 나아가기보다는, 그 일에서 벗어나고자 다른 사람을 챙기는 일에 온 정신을 쏟는 그녀라면? 그녀의 집안 정리가 그 중대한 일을 피하려고 이루어진 일이었다면? 과연 이 같은 C양을 우리는 나태하지 않다고 말할 수 있을까? 삶의 속도로 나태를 가늠한다면, 그녀는 절대 나태하지 않다. 그 부지런함의 속도 가운데 그녀는 중대한 일을 미루는 그 고질적인 나태한 삶을 능숙히 감출 수 있다.

나태는 속도가 아닌 중대함의 문제다. 스스로 나태하지 않다고 분주한 삶의 속도를 내며 달려가는 이들은 자신을 기만하는 자들이다. 그들은 정작 중대한 문제를 직면하지 못한 것에 대한 불안함을 분주함이라는 속도로 달래려 한다. 그들은 어제보다 오늘 더 빨리 달리고 있고, 아마 내일은 발이 보이지 않게 이제껏 보여주지 못한 속도로 달려가고 싶어 한다. 그러나 속도에 대한 그들의 강박은 결코 고질적인 나태의 문제를 조금도 해결해 주지 못한다. 그저 몸과 마음만 고단할 뿐이다.

"게으른 자여 개미에게로 가서 그 하는 것을 보고 지혜를 얻으라"는 잠언 6장 6절의 말씀은 먹이를 나르기 위해 쉴 새 없이 오가는 개미의 모습을 보고 부지런해질 것을 가르치고 있다. 지금 잠언기자는 속도의 문제를 말하는 것인가? 그래서 개미와 같이 우리도 한없이 손가락을 움직이며, 중독적인 게임의 점수를 올리려고 부지런히 노력해야 하는가? 나도 개미와 같이 재빠르게 일해서, 저 앞에 서 있는 중년 부인의 명품 가방 안에 든 지갑을 훔쳐야 한다는 말인가? 물론 터무니없는 소리라 여길 것이다. 잠언 저자는 일용할 양식을 위해 수고하는 개미의 부지런함에 대해 말하고 있다. "개미는 두령도 없고 감독자도 없고 통치자도 없으되, 먹을 것을 여름 동안에 예비하며 추수 때에 양식을 모으느니라"잠6:7-8 개미의 생존에 필요한 것을 위한 수고에 대해 잠언 저자는 부지런함 혹은 게으름에 대해 말하는 것이다. 그러나 먹고 살려고 수고하는 개미의 모습 그대로가 인간이 답습해야 할 모델은 아니다. 인간은 먹고만 사는 존재가 아니지 않은가? "사람이 떡으로만 살 것이 아니요 하나님의 입으로 나오는 모든 말씀으로 살 것이라"마4:4

그런 점에서 하나님의 피조물 된 인간에게 나태에 대해 보다 정확한 예가 되는 본문은 예수님께서 말씀하신 어리석은 부자의 비유라 할 수 있다.눅12:13-21 여기서 예수는 "자기를 위하여 재물을 쌓아 두고 하나님께 대하여 부요치 못한 자"였던 한 부자를 "어리석은 자"로 규정하고 계시는데, 이 비유에서 어리석은 자는 사실 현대의 기준에서는 성실하며, 부지런하며, 초 단위로 계획하며 기민하게 움직이는 자들이라 할 수 있다. 문제는 부의 축적을 위한 속도나 양이 아닌, 어떤 부중대함를 위한 열심인가에 있는 것이다. 결국, 어리석은 부자의 실체는 지극히-하나님에 대해-나태한 자였던 것이다.

이처럼 겉모양은 성실과 근면한 땀이 흐르는 속도감 있는 모습일지 몰라도, 정작 내 삶의 본질적이고 중대한 영역을 향해 나아가지 못하며, 도리어 그곳으로 나아가는 일을 이리저리 회피하며, 자신을 기만하는 몸부림으로서의 부지런함이라면, 그것은 결코 성실이 아닌 나태라 불러야 할 것이다.

아케디아: 돌봄의 부재

속도가 아닌 중대함과 관련한 나태는, 사람들 앞에 보이는 나의 땀 흘리는 모습도 또 다른 나태가 될 수 있다는 사실을 보여줬다. 정작 중대하고 책임져야 할 사람들과 일을 내버려둔 채로는 그 어떤 속도와 땀 흘림으로도 나태한 상태에서 벗어나지 못한다.

대부분 신앙생활을 열심히 하지 않는 이들은 '바쁜 사람들'에 속한다. 왜냐하면, 그들의 상습적인 변명이 바쁘다는 말이기 때문이다. 그것은 결코 거짓말이 아닐 것이다. 자기 자신을 돌아보고, 하나님과의 깊은 관계성으로 들어가며, 삶의 진정으로 중요한 일들을 위한 자리에 서는 대신, 그 외의 다른 일들로 자신의 영혼을 쉴 새 없게 만드는 이들은 정말 바쁜 사람들이기 때문이다. 현대의 게으른 자의 모습은 바쁘다는 말로 표현되며, 그 분주함은 결국 그 사람이 얼마나 나태한 자인가를 드러낸다.

누구보다 많은 시간 성도들과 교회를 위해 기도해야 하며, 그리고 그 같은 막중한 종의 사역을 감당해야 할 자신의 연약한 영혼을 위해 기도해야 할 목회자가 갖는 기도시간을 한번 상상해 보자. 그는 무릎을 꿇고 하나님 앞에 나아간다. 그러나 기도가 시작되자 곧이어 생각지 못했던 교회의 다른 업무들이 떠오른다. '내일 있을 회의를 B 집사님께도 알렸는가?' '회의실은 깨끗한가?' '아까 교회 앞에 주차한 차 문은 잠갔나?' '지난주에 왜 P 성도는 보이지 않았지? 지금이라도 전화해야 하는 것 아닐까? 다음 주 설교는 뭘 하지' '밖에서 나는 저 소리는 뭐지? 누가 온 걸까?' '오후에 있을 심방 때 권면 할 말씀들을 다시 찾아봐야 하지 않을까?' '이번 달에 있을 교회행사를 위해 준비위원들에게 전화해야겠어! 이러고 있을 때가 아니지!' 이쯤이면 그의 기도가 그리 오래가지 못했으리라는 것을 짐작했을 것이다. 교회를 향한 한 목회자의 크고 작은 염려들은 어떻게 보면, 교회를 사랑하는 애틋하고 성실한 마음으로 미화될 수 있을지도 모르겠다. 그러나 정작 하나님 앞에 머물러 있어야 할 시간에 계속 그로 하여금, 다른 긴급한 일에 더 관심을 두고 일어서도록 하는 수많은 유혹은 결코 성실이 아닌, 나태함이다.

나태에 해당하는 그리스어 아케디아*acedia*의 의미는 '돌봄의 부재 혹은 결핍'이다. 현재 자신이 돌봐야 하고, 관심을 둬야 하는 중대하고 본질적인 대상 앞에서 자신을 감추거나 제한하는 모습을 의미한다. 아케디아에 빠진 사람은 더는 자신과 주변을 돌보기를 거절하고, 그렇게 할 욕구를 잃어버린다. 삶이 벅차거나, 맡은 책임이 클 경우 아케디아는 영혼의 마취제처럼 우리 곁에 다가와 모든 책임에서 우리 자신을 떼어 놓으려 한다. 사막의 교부들에게 아케디아는 노력과 훈련의 실패, 실의, 억압, 혹은 혐오 등으로 표출되는 치명적 영적 질병이었다.

영적 수련 중인 수도사에게 아케디아가 얼마나 치명적인 유혹인가에 대한 에바그리우스의 생생한 묘사는 다음과 같다:

정오의 악마라 불리는 아케디아라는 악마는 모든 악마 가운데서도 가장 강력하다. 그는 수도사들에게 오전 10시쯤 공격해서 오후 2시까지 그 영혼을 포위한다. 먼저, 그는 수도사에게 낮의 태양이 그 속도를 늦추거나 아예 멈춘 것 같이 느껴지게 함으로 그 시간이 마치 50시간처럼 길고 아득하게 만든다. 그리고 악마는 곧 수도사로 하여금 지속해서 창밖을 내다보게 하거나, 골방에서 뛰쳐나오게 하거나, 태양이 언제쯤 3시를 가리키는 쪽에 와 있을지를 확인하게 한다…. 여기서 더 나아가, 악마는 수도사에게 그가 수련하는 자리와 그 삶과 노동을 혐오하게 한다. 또한, 형제들의 사랑이 사라짐으로 아무도 자신을 위로해 줄 이가 없다는 생각을 하게 한다. 근래에 자신에게 무례했던 다른 수도사를 기억나게 함으로 그가 머무는 곳에 대한 혐오의 골을 더 깊게 만든다. 이렇게 악마는 수도사로 하여금 그 장소를 떠나 그가 필요하고 추구하는 바를 더욱 쉽게 얻을 수 있고, 생산적인 새로운 곳으로 떠나도록 부추긴다. 하나님을 기쁘시게 하는 데 있어서 어느 특정한 장소에 구애받을 필요가 없다는 식으로 정당화하면서 말이다. 실제로 요한복음 4장 21-22절에는 하나님은 어느 곳에서나 예배받으시는 분으로 묘사되고 있지 않던가? 악마는 계속해서 수도사에게 그의 오랜 친구와 지난 삶에 대한 향수 어린 기억들을 반추하게 함과 동시에, 현재의 금욕적 수도생활의 고통스러움을 대조시킨다. 이렇게 악마는 모든 방법을 동원해서 수도사로 하여금 그 골방에서 뛰쳐나와 그 영적 분투에서 도망치게 한다.44)

아케디아는 사막의 수도사들에게는 견디기 어려운 유혹이었다. 오전 10시부터 2시 사이의 개인 묵상 및 기도의 시간은, 그 외의 다른 시간이 대부분 공동의 시간임을 고려한다면, 수도원 내에서 수도사 개인의 영적 성장을 위한 중대한 시간이었음이 분명하다. 그러나 그 시간에 아케디아의 유혹에 사로잡힌 수도사는 수시로 창밖을 내다보며, 공동식사 시간3시경이 되기까지 5시간을 50시간이 되는 것처럼 지루해하며 견디기 어려워한다.

그뿐만 아니라 아케디아는 수도사에게 과연 계속해서 골방에 머물러 있어야 할 필요가 있는가를 묻는다. 아케디아를 통한 일종의 합리화 과정이 일어나는 것이다. '구태여 다른 곳에도 계신 하나님을 지금 여기서만 경험해야 할 이유가 어디 있는가?' '여기서 별 생산적이지 못한 삶보다는, 다른 곳에서의 더욱 생산적이고 의미 있는 삶이 더 바람직하지 않은가?' '은둔하여 이곳에 머무는 것보다 고향에 있는 친지들과 벗들을 만나 도란도란 이야기 나누는 편이 더 행복하지 않은가?' '추억 속의 익숙한 거리와 풍경들, 그곳만의 독특한 냄새까지… 다시 돌아가고 싶지 않은가?' 이렇게 아케디아는 골방의 수도사에게 그곳에서 뛰쳐나와야 할 정당한 생각들을 떠올리게 함으로 현재의 영적 분투가 전혀 무의미하며, 목적이 없는 초라한 것이 되게 만든다.

몰입하지 못하는 사람들

에바그리우스를 비롯한 사막의 교부들과 중세의 신학자들은 아케디아로서의 나태를 경계해야 할 치명적인 죄악으로 규정했다. 특히 한 사람의 신앙인으로서의 정체성과 소명을 근원적으로 뒤흔든다는 점에서 심각한 죄악이라 할 수 있다. 하나님이 명하신 니느웨가 아닌 그 정반대 편에 있는 다시스로 가는 배의 밑바닥에 누워 깊은 잠에 빠져 있던 요나에게 침투한 것도 다름 아닌 나태였는지 모른다. 그는 다시스로 가는 가장 '빠른' 배를 타고 있었는지는 몰라도, 그는 그 순간 그가 하나님 앞에 해야 할 바를 망각한 나태한 자의 원형이었다. 그러나 어디 요나 만이 나태한 자의 전형이겠는가? 일찍이 눈물로 감격하며 하나님 앞에 헌신을 다짐한 수많은 그리스도인과 심지어는 확고한 소명 가운데 목회의 길로 들어선 수많은 목회자가 중도에 그 부르심을 포기한 채 다른 길을 가는 우리 시대의 풍경은, 이 같은 나태의 악덕이 21세기 현실에서도 여전히 그 힘을 잃지 않고 있음을 단적으로 보여주는 예라 할 수 있다.

"정오의 악마"인 나태는 집중력을 떨어뜨리고, 참된 소명을 향한 자기 훈련의 짐을 지는 일을 지속해서 거부하게 함으로 궁극적으로 하나님을 향한 사랑과 열망을 소멸시킨다. 좀처럼 한 자리에 몰입하지 못하는 것이 소비주의 시대 iChurch 세대들의 특징이라 할 때, 나태는 현대인들의 편견과는 정반대로 오늘날 가장 심각하게 고려해야 할 죄악 가운데 하나인지도 모른다.45)

나태는 나의 시간을 쓸데없는 일에 잘게 쪼개게 한다. 그리고는 지금 해야 할 일 이외의 다른 모든 일에 열려 있는 나의 모습으로 유혹한다. 그 가능성과 멋짐 앞에 지금 해야 할 일은 초라하고, 낡고, 가치 없고, 생산적이지 못하며, 의미 없는 것이 되고 만다. 남은 선택은 최대한 빨리 지금의 자리에서 박차고 나오는 일이다. 마치 요나처럼 말이다. 이때의 나는 엄청난 노력, 에너지, 속도를 투자해서 본래의 자리에서 벗어나는 일에 주력하는 경향이 있다. 거듭 말하지만, 나태를 단순히 게으름이나 느림의 문제로만 결부 지을 수 없는 이유가 여기에 있다.

자신의 골방에서 벗어나고 싶어 하는 수도사들의 심리를 잘 알았던 에바그리우스는 다음과 같이 집중력을 떨어뜨리는 나태함에 대해 적나라하게 묘사하고 있다: "문을 바라보며, 손님이 오기를 바라며, 바깥에서 나는 인기척에 바로 반응하며, 수시로 창밖을 내다보고, 거듭 하품을 하며, 기꺼이 졸며 잠에 빠지고, 책을 읽지만 집중하지 못하며, 책장을 넘기고, 얼마나 더 읽어야 하는지 연방 뒤적거리며…"46)

거의 코미디 수준으로까지 묘사된 나태한 수도사들의 모습은, 결코

iChurch의 그리스도인들에겐 낯설지 않다. 이 같은 나태의 죄악 속에 빠진 이들은 주변의 요청에 즉각 반응한다. 가령 만나자는 전화가 걸려 오면, 기다렸다는 듯이 받고 뛰쳐나간다. 그들은 겉보기에는 최고의 교제와 봉사와 섬김의 사람들 같지만, 그것은 오직 스스로 집중하지 못하는 시간을 대신 충족시키는 것에 불과하다. 교제나 섬김, 봉사가 나쁘다는 것이 아니라, 그것이 자신의 하나님을 향한 사랑과 열망에서 도피하는 그럴듯한 면죄부가 되어서는 안 된다는 것이다.

현대의 문제는 집중하지 못하는 데 있다. 수많은 엔터테인먼트를 양산해 내며, 소비자에게 끊임없이 새로운 선택권을 제시하는 소비주의 문화는 우리의 집중력과 깊이를 한없이 저하하게 한다. 오히려 이 시대는 현대인들에게 하나의 일에 대한 몰입이 최선의 삶의 방식이 아니라는 메시지를 새롭게 가르쳐 주고 있다. 일명 '멀티테스킹'이라 일컫는 재주는, 산만함이 아니며, 없어서는 안 되는 경쟁력 있는 업무능력이 되어 버린 지 오래다. 요즘 아이들은 전화보다는 문자 채팅을 한다고 한다. 이유는 단 한 가지다. 동시에 다른 일을 할 수 있기 때문이란다.

과학의 발전과 기술문명의 가속화, 그로 말미암은 전 지구적 문화의 변화는 우리를 설레게 하지만, 그 설렘만큼 멀미는 심하다. 우리는 도무지 안주하지 못하며, 깊이 있는 자리로 나아가는 법을 잃어버렸다. 이에 리처드 포스터는 현대의 가장 큰 문제는 깊이의 부재에 있다고 지적한 바 있다.47) 그것은 결코 감성의 부재를 의미하지 않는다. 우리의 감수성은 그 어느 때보다도 예민하게 발달해서, 30초짜리 광고에도 눈물을 흘리며, 페이스북과 같은 공간에서 동시 다발적으로 수많은 사람을 만난다. 그러나 그 같은 즉흥적 감수성은 우리의 정체성과 삶의 의미를 찾는 데 그다지 큰 도움을 주지 못한다. 나태함의 지배 아래서 우리의 감성은 본질과 중대함을 회피하기 위한 악어의 눈물 혹은 광대의 웃음이 기꺼이 되고자 한다. 문제는 그 역시 오래가지 못한다는 데 있다.

쉬운 선택 vs. 제자도

나태는 속도가 아닌 중대함의 문제이며, 결국 그것은 선택의 문제로 귀결된다. 나태는 중대함이 아닌, 쉬운 편을 선택한다. 이는 좁은 문으로 가는 예수의 제자도에는 치명적이다. 나태함을 가지고는 결코 제자도를 이룰 수 없다. 소비주의 시대의 교회에는 제자와 그리스도인이 분리된다. 주님을 따르는 자는 제자일 수도 있고 그냥 그리스도인일 수도 있는 희한한 구분이 형성되어 버렸다. 제자는 좀 더 심각하게 예수를 믿는 이들이고, 그리스도인은 '쉽게' 예수를 믿는 이들인 셈이다. 쉬운 믿음의 생활은 소비주의 시대의 영적 소비자들에게는 마땅히 누려야 할 권리가 되어 버렸다. 쉬운 길을 제시하지 않는 교회는 살아남지 못한다. 삶의 심각한 결단을 요구하지 않는 쉬운 설교가 좋은 설교가 되어 버렸다. 교인들은 쉬운 교제권이 형성되는 비슷비슷한 사람들이 모인 교회이기만을 바란다. 편리하고 멋지게 준비된 쉬운 예배라야 하나님께서 받으시는 예배인 것 같다.

선택의 폭이 넓을수록 좋은 세상이라는 시장 자본주의의 정서와 논리가 우리의 신앙세계에도 깊은 영향을 미치고 있다. 그러나 선택이 많을수록 순종의 순도는 낮아질 수밖에 없다. "나를 따르라"는 요청 앞에 iChurch 그리스도인들은 "어떤 옵션이 있는데요?"라고 반문할 것만 같다. 한 권의 영적 서적도 꾸준히 다 읽고 소화할 겨를도 없이, 읽는 중간에도 더 좋아 보이는 책들이 쏟아져 나온다. 과연 나는 한 권의 책을 온전히 끝까지 붙들고 있을 날이 있을까?

중대한 일에 집중하지 못하게 만드는 나태함은 골방의 수도사들에게만 찾아오는 정오의 악마가 아니다. 화려한 소비주의 시대의 수많은 선택의 시장에서 나태는 또 다른 모습의 악마가 되어 우리를 부추기고 있다. "좀 더 좋은 영성과 신앙을 원한다면, 저걸 시도해봐!" 그건 어쩌면 이미 진행 중인 나의 영적 훈련의 집중력을 빼앗으려는 그럴듯한 '쉬운 길'의 다른 모습인지 모른다.

머무름

유목민을 뜻하는 노마드nomad는 최근에 급부상 중인 키워드다. 늘 어디론가 떠날 준비가 되어 있고, 즉각적인 변화 가능한 삶. 직업도, 가정도, 생활방식도, 어디 한 곳에 얽매이지 않는 삶이 현대인들이 새롭게 주목하는 유목민적 삶 말이다. 사실 우린 한 곳에서 너무도 많은 것을 가지려고 버둥거리고 있으며, 어제의 구태의연함에서 좀처럼 자유롭지 못하게 살아간다. 그런 답답함이었으리라. 거기에 변화의 속도를 부추기는 기술은 날로 발전하고 있으니 노마드의 출현은 당연한 결과인지 모른다.

그러나 다른 한편으로 생각해 보면, 노마드는 현대인을 위한 새로운 삶의 방식을 소개하는 것이 아니라, 이미 진행되고 있는 현대인들의 삶의 모습을 설명해 주고 정당화하는 용어에 불과하지 않을까 하는 생각이 든다. 늘 어디로든 떠나고 싶고, 직장은 내일이라도 당장 사표를 내고 싶고, 기회와 조건만 된다면 자녀를 위해 조국도 등진 채 훌쩍 떠나고 싶은 것은 우리 모두의 마음 아닐까? 이미 우리보다 먼저 모든 것을 내던지고, 가족과 함께 일 년 내내 세계 일주를 한 이들의 이야기는 그럴듯한 상품이 되어 베스트셀러가 되어 있다. 비록 당장은 못 떠나지만, 용기 있게 나보다 먼저 노마드의 삶을 선택한 이들의 이야기를 통해서라도 대리만족을 누리려는 소비자들 때문이다. 그러나 이 같은 노마드적 생활방식을 바라는 우리의 마음 깊은 곳에는 지금 우리가 책임져야 하며, 지금 내가 분투해야 할 중대한 소명과 정체성을 형성하는 작업들에서 벗어나고픈 나태한 속내가 감춰져 있는 것은 아닐까?

뛰쳐나가고 싶고, 어디론가 떠나고 싶고, 즉각 자기 자신을 바꾸고 싶어 하는 마음 가운데 없는 것 하나는 뿌리 깊음이다. 나무가 성장하려면 땅속 깊이 뿌리를 내려야만 한다. 그리고 지금 당장 꽃이 아니어도 좋은 그런 느낌의 여백이 필요하다. 나태의 유혹에서 벗어나기 위한 길은, 역설적이게도 그런 느낌의 풍경이 있는 머무름에 있다. 당장 골방을 뛰쳐나가고픈 수도사들에게, 사막의 교부들은 골방에 머물러 있을 것을 줄곧 각인시켰다. 하나님을 아는 길은 멀리 있는 것이 아닌, 지금 내가 선 자리에 묵묵히 머무는 가운데 경험된다. "너희는 가만히 있어 내가 하나님 됨을 알찌어다." 시46:10

사막의 교부 포에멘은 "참된 수도사의 표는 오직 유혹 아래서만 드러난다"라고 말한 바 있다.48) 진정한 영적 훈련은 유혹이 찾아올 때, 그 참된 훈련의 가치를 갖는다. 긴장감 없는 예비군 훈련을 백번 하는 것보다, 포화가 난무한 격전지에서의 실제적인 전투경험이 더 많은 것을 가르쳐 주는 것과 같은 이치다. 문제는 그리스도인 대부분이, 한가할 때는 훈련에 매진하는 듯하다가도, 정작 유혹이 오면 기다렸다는 듯 훈련을 포기한다는 데 있다. 유혹의 시간이야말로, 믿음의 골방에서 악한 세력에 맞서 나의 믿음을 지키며 견뎌야 하는 가장 밀도 높은 시간이다. "유혹의 시간은 그럴듯한 구실을 만들어서 당신의 골방에서 뛰쳐나와야 할 때가 아니다. 도리어 그 시간이야말로 견고히 서서 인내해야 한다. 당신에게 쳐들어온 마귀와 용감하게 맞서라!"49)

주님은 우리가 작은 일에 충성할 때, 큰일도 맡기신다고 하셨다. 마 25:23 어쩌면 내가 지금 벗어나고 싶어 하는 그 일은 작은 일인지 모른다. 그리고 당장 눈앞에서 나를 유혹하는 그 새로운 선택 가능한 무언가는 큰일처럼 보일런지 모른다. 그러나 속지 말아야 한다. 지금의 자리에 온전히 머무는 훈련 가운데 뿌리를 내리며, 견고한 나무로 자라는 것이다. 나무를 자주 옮겨심으면 제대로 뿌리 내리지 못해서 시들어 죽고 만다. 뿌리내림이 없이 우리는 욕망의 노예가 되어 결코 어느 한자리에도 만족하지 못하는 존재가 되고 만다.

머무르는 일은 편리, 아름다움, 혹은 효율성과는 거리가 멀다. 머무는 자리는 지루하며, 오래 묵은 갈등으로 불편하며, 어디서부터 풀어야 할지 모르는 엉킨 실타래와 같이 엉망진창인, 한마디로 지극히 비생산적으로 보인다. 그러나 거기서 벗어나고픈 유혹을 이겨내고, 정주하는 훈련 가운데 우리는 그곳에서 이전에 느끼지 못했던 하나님의 임재를 경험하게 된다. 바람에 날리는 씨앗은 정처 없다. 나무가 되고 숲이 될 만한 수많은 잠재력이 그 안에 있겠지만, 그 씨앗은 너무도 가벼워 세파에 이리저리 휘둘리는 가운데 사라지고 만다. 그러나 땅에 뿌리를 내리고, 자아를 그리스도께 묻는 밀알과 같은 씨는 당장 눈에 보이지 않을지 몰라도 시간이 지나면 시냇가에 심긴 견고하며 늘 푸른 풍성한 나무가 되며 숲이 된다.

현대 소비주의 시대에는 그럴듯한 수많은 영적 상품이 연일 쏟아져 나온다. 그것만 손에 쥔다면, 나의 영적 문제들은 단번에 해결될 것 같다. 심지어는 건너편 저 교회로 옮긴다면, 지금보다 훨씬 좋은 믿음의 공동체 안에서 신선하며, 활력 있는 신앙생활을 해 나갈 수 있을 것만 같다. 오늘날 자신의 삶의 자리에서 머무르지 못하고 흔들리는 나태의 유혹에 빠질 때, 블로그나 각종 소셜 네트워크로 새롭게 탈출구를 찾으려는 이들도 제법 많다. 우리는 영적 성장을 바라고 영적으로 건강한 만남과 공동체를 그토록 갈구하면서도, 결코 현재의 내 자리나 내게 주어진 관계 속에서 더 온전함을 이루겠다는 분투는 좀처럼 시도하지 않는다. 대신 마치 그것들은 오래전에 유효기간이 지난 듯 취급한다. 이처럼 iChurch 시대의 그리스도인들은 그들의 영적 삶에서 풍성한 열매를 고대하면서도, 정작 그 열매를 위한 대가를 치르려고 하지는 않는다.

머무름은 하나님에 대한 신뢰를 내 삶의 자리에서 표하는 것이다. 우리가 진실로 하나님은 어디에서나 역사하신다고 고백한다면, 그것은 현재의 자리를 벗어나기 위한 나태한 합리화가 아닌, 그 '어디에서나'가 바로 내가 지금 있는 지루하며, 고되며, 문제 많은 여기에도 해당하는 말임을 스스로 증명할 필요가 있다. 예수는 귀신 들린 자를 고치시고서, 자신을 따르려는 그를 만류하며, 그가 있던 곳에 그대로 머물라고 말씀하신 바가 있다.눅8:37-39 예수를 따르려면 머무는 선택 또한 필요하다는 사실을 이 시대에는 부디 기억해 주기 바란다.

7. 탐욕

**많은 것을 소유한 자는 마치 무거운 짐을 담은 배와 같아서
풍랑 가운데 쉽게 가라앉고 만다.** 에바그리우스, 50)

한 사람이 두 주인을 섬기지 못할 것이니 혹 이를 미워하고 저를 사랑하거나 혹 이를 중히 여기고 저를 경히 여김이라 너희가 하나님과 재물을 겸하여 섬기지 못하느니라 마6:24

탐욕, 권리를 넘어 사회를 지탱하는 가치로

백화점을 기웃거리는 한 소비자는 멋과 아름다움을 위해서 마땅히 치러야 할 대가로서의 구매행위를 결코 탐욕과 연관시키지 못할 때가

잦다. 누가 봐도 물질적인 풍요를 누리는 부유한 자인 경우에도 대개 자신을 탐욕스럽다고 생각하지 않는다. 탐욕은 이솝 이야기와 같은 전래동화의 단골 소재로 누구도 원하지 않는 모습이면서도, 그 누구도 자신을 탐욕스럽다고 보지 않는다는 점에서 그 실체는 모호하다. 특히 오늘날과 같이 은밀하고 세련되게 탐욕이 부추겨지는 소비주의 사회에서는 더욱 탐욕의 정체를 파악하기가 어렵다. 사방이 수많은 신상품으로 전시된 쇼핑 천국에서 상품을 하나 더 구매하는 행위는 죄악이 아닌, 그 사회의 시민이라면 마땅히 누려야 할 권리가 되어 버렸다.

소비사회에서 쇼핑은 독자적인 생활방식의 한 유형으로 자리 잡았다. 대부분 자본주의 사회에서 시민이 가장 즐기는 엔터테인먼트가 이미 쇼핑이 돼버린 지는 오래다. 미국 10대 소녀들의 93%는 쇼핑이 그들이 가장 좋아하는 여가활동이라 서슴지 않고 말한다.[51] 그뿐만 아니라, 신자본주의 사회에서 소비는 한 나라를 지탱하는 애국적인 행위로까지 격려되고 있다. 실제로 9.11 테러 사건 직후, 조지 W. 부시 전 대통령과 루돌프 줄리아니 전 뉴욕 시장은 미국인들에게 쇼핑몰로 돌아가 줄 것을 간곡히 호소했다.[52] 테러리스트들의 혐오스런 광기와 테러 앞에서조차 국민에게 요구되는 삶의 방식은 더 적극적인 소비자로서의 자리를 지켜주는 일이었다. 이쯤 되면 쇼핑은 권리와 생활방식을 넘어, 애국적인 행위가 된다.

이처럼 권리를 넘어 한 사회를 지탱하는 가치 있는 행위가 되어버린 소비는, 그리스도인들조차 전 시대에는 당연했던 탐욕의 죄악에 대해 눈먼 소경이 되어 버리게 하고 있다. 물론 오늘날 그리스도인 대부분은 물질에 대한 사랑과 하나님에 대한 사랑에서 여전히 바른 우선순위를 갖고 살아갈 수 있을 것이다. 먼저 하나님을 사랑하며, 그 후에 그들은 쇼핑하러 다닐 것이다. 하나님께 먼저 관심을 보여 드리면, 그 후에 나의 물질에 대한 욕망은 정당화될 것만 같다. 그러나 문제는 예수께서 맘몬과 하나님 가운데 하나를 택하라고 하셨지, 결코 우선순위에 대해 묻지 않으셨다는 데 있다. "한 사람이 두 주인을 섬기지 못할 것이니 혹 이를 미워하고 저를 사랑하거나 혹 이를 중히 여기고 저를 경히 여김이라 너희가 하나님과 재물을 겸하여 섬기지 못하느니라"마6:24

우선순위로 해결할 수 없는 치명적인 죄

웬만하면 예수께서도 물질을 사랑하는 인간을 위해 양자택일보다는 우선순위로 접근하셨더라면 더 좋았을 것이다. 그러나 예수께서는 "너희가 하나님과 재물을 겸하여 섬기지 못하리라"고 단언하셨다. 그것은 그랬으면 하는 바람이 아니라, 그렇게 물질과 하나님을 우선순위라는 이론적으로는 그럴듯한 명목으로 함께 사랑할 수 있는 사람은 없다는 사실에 근거한 말씀이었다. 실제로 이에 관해 주님께서는 스스로 입증한 바 있다. 주님께서 공생애를 시작하기 전 광야에서 받으셨던 첫 번째 유혹은 돌로 떡이 되게 하라는 유혹이었다.마4:3-4 마귀의 유혹은 언제나 불편보다는 편리와 효율의 자리로 우리를 초대한다. 물질적인 풍요와 안전이 보장된다면, 하나님을 위한 사역에 더 효과적이라는 것이 인간적인 생각이다. 그러나 예수는 거기에 대해 일말의 타협도 하지 않으신다: "사람이 떡으로만 살 것이 아니요 하나님의 입으로 나오는 모든 말씀으로 살 것이라."마4:4 왜 그렇게 말씀하셨을까? "한 사람이 두 주인을 섬기지 못할 것"이라는 사실 때문이다.마6:24 두 주인이 있는 자들은 "혹 이를 미워하며 저를 사랑하거나 혹 이를 중히 여기며 저를 경히" 여길 수밖에 없음을 예수는 간과하지 않으셨다.

예수는 물질에 대한 탐욕에서 단순히 인간의 소유에 대한 욕망만을 보신 것이 아니라, 그 물질이 인간의 주인으로 신성화될 수 있는 잠재력을 보셨다. 칼 마르크스가 말했던 "재화에 대한 신성화"를 미리 간파하셨던 것이다. 마르크스는 이 이론을 통해 자본주의 사회를 경계하며, 사람들이 만들 물건이 신성화되어 인간성과 그 관계를 말살시킬 것을 우려한 바 있다.53) 그것은 단순히 상품이 인간의 필요를 채우는 것을 넘어서, 의미와 목적과 삶의 이유가 되어 버린 현상을 의미한다. 이에 인간은 관계성보다 상품에 대한 소유에 집착하며, 인간의 존엄성보다는 물질의 축척을 위한 사기, 협박, 강탈, 살인 등을 서슴지 않게 된다. 이 같은 인간의 탐욕은 시대를 초월한 문제겠지만, 갈수록 탐욕의 기준이 모호하며, 사회 도덕적으로 탐욕 또한 하나의 삶의 방식으로 대수롭지 않게 다루어진다는 점에서 더 경계해야 한다고 볼 수 있다. 만일 자의적으로도 통제가 안 되는 물질에 대한 욕망이 사회 시스템적으로 아무 거리낌 없이 장려되는 상황이라면, 문제는 정말 심각한 것이다.

이미 그리스도인들 안에서도, 언젠가부터 '죄 많은 이 세상'이라는 오랜 명제를 더는 받아들이고 싶지 않은 이들이 많아졌다. 그들에게 이 세상의 물질적 풍요란 더 오래도록 누리고, 더 많이 움켜쥐고 싶은 대상이며, 세상은 더는 죄 많은 곳이 아닌 '더 누리고픈 세상'이기에 그 마음의 탐욕을 충족시키는 길과 그들의 정체성과 삶의 의미를 찾는 길이 결코 서로 다른 길이 아니라고 믿게 되었다. 그러나 이처럼 물질적 풍요 속에서 하나님나라를 더는 고대하지 않는 삶을 살고 있다면, 이미 그는 다른 주인을 섬기는 것이다. 이 모든 것이 물질에 대해 우선순위의 문제로 다가간 결과라 하겠다.

마음의 습관

사실 성경은 성적인 죄악들보다 돈과 재물에 관련된 죄악들을 더 많이 다루고 있다. 그 가운데 가장 유명한 말씀 중 하나는 "약대가 바늘귀로 들어가는 것이 부자가 하나님나라에 들어가기보다 쉬우리라"는 주님의 말씀으로 공관복음서에 모두 소개되고 있다.마19:24; 막10:25; 눅18:25 하나님나라는 특정 계층과 계급을 위해 열려 있다거나 닫혀 있지 않다. 그럼에도, 주님께서 부자들이 천국에 가기 어려운 조건 가운데 있다고 말씀하신 것은 그들에게 주어진 유혹이 절대 만만치 않다는 사실을 의미한다. 이는 자연스럽게 앞서 말한 맘몬이냐 하나님이냐의 양자택일의 문제와 연결된다. 또한, 탐욕은 더 많이 소유할수록 그 마음에서 지속적으로 학습이 되고 습관화된다는 사실을 드러낸다.

탐욕은 우리의 마음을 길들인다. 한번 무언가를 소유하면, 거기서 만족하며 행복해 하지 못하고, 머지않아 또 다른 무언가에 대한 소유욕에 사로잡힌다. 영어로 탐욕을 의미하는 *avarice*는 라틴어로 무언가를 지나치게 갈구함을 의미하는 *avere*에서 파생한 말이다. 이처럼 탐욕은 인간의 마음에 자리 잡은 변태적 사랑의 하나라 말할 수 있다.54) 그것은 돈과 재물에 대해 지나치게 집착하며 갈구하게 하여, 통제력을 상실하게 한다.

탕자의 비유에서 탕자는 정확히 이 같은 탐욕의 특징과 들어맞는 인물이라 할 수 있다.눅15:11-32 탕자는 그 통제 못 할 물욕 때문에 스스로 인간성을 파괴한다. 이는 그 아버지가 죽기도 전에 그 유산을 요구함12절으로 부권을 모독했으며, 더는 그 가족들과의 관계성을 유지하지 않아도 좋을 "먼 나라"13절로 갔다는 점에서 관계성에 대한 파괴로까지 이어진다. 문제는 탕자의 물욕은 마음의 습관이었다는 점이다. 새로운 자리에서 새로운 사람들과의 건강한 관계성 속에 자신의 건강한 삶의 기반을 형성하지 못한 채, 그는 오히려 더 강화된 탐욕스러운 마음으로 곧 "허랑방탕하여 그 재산을 허비"하게 된다.13절 이처럼 탐욕이라는 마음의 습관은 좀처럼 통제되지 않는 법이다.

특히 현대 소비주의 사회에서의 소비자들은 이 같은 마음의 습관에 더 쉽게 노출되어 있다. 흔히 소비주의 시대의 소비자들을 가리켜 "불만족의 학교"를 졸업한 이들이라 일컫는다. 그들은 결코 그들이 구매한 물건에 대해 만족하는 법이 없다. 줄을 서서 기다리며 산 물건도, 몇 달이 지나면 관심 밖이 되어 버린다. 이번이 마지막 컴퓨터라 마음먹고, 최신형의 값비싼 컴퓨터를 사지만, 일 년이 안 되어서 이미 그는 더욱 세련되고, 빠른 새로운 컴퓨터의 카탈로그를 유심히 들여다보고 있다.

이와 마찬가지로 만족할 줄 모르는 소비주의 시대의 iChurch 그리스도인들은 하나님과 이웃을 위한 사랑과 관대함보다는 자신의 구매욕을 충족시키기 위한 움켜쥠에 더 집착하기 쉽다. 좀 더 축적한다면 그들은 달라질 것이라고 말하지만, 결코 그런 날은 오지 않는다. 탐욕은 소유의 많고 적음에 의해서가 아니라, 마음속에서 형성되는 습관이기 때문이다.55)

관대함의 상실

탐욕이 치명적인 죄악인 것은 단순히 물질에 대한 통제력을 상실하고, 집안 가득 각종 신제품이 즐비한 허랑방탕한 모습으로 살아가는 한 개인의 과소비 때문만이 아니다. 그렇다고, 탐욕은 그 마지막이 비극적으로 "돼지 먹는 쥐엄 열매"눅15:16로 그 주린 배를 채우는 탕자의 모습이 될, 한 개인의 미래에 대한 경고 차원에서 귀담아들어야 할 죄악도 아니다. 그런 부류의 이야기라면 개미와 베짱이의 우화로도 충분할 것이다.

탐욕의 치명적인 대가는 다른 데 있다. 인간의 내면에 형성된 탐욕은 관대함과 정의에 대한 우리의 관심을 좀먹는다는 것이다.56) 탐욕은 사람들과의 관계성 없이도, 그 물건을 소유함으로 충분히 행복하며, 삶의 의미를 찾을 수 있을 것처럼 부추기며 속인다. 더는 관계를 맺어야 할 사람들이 없어도 그만인 존재가 되어 버린다. 그 방법이야 어떠하든 아버지의 유산을 갖고 아무도 모르는 먼 나라로 간 탕자처럼 말이다. 이처럼 관계성에 대한 불감증은 예수께서 가르치신 가장 큰 계명과 상극의 자리에 있다: "첫째는 이것이니 이스라엘아 들으라 주 곧 우리 하나님은 유일한 주시라 네 마음을 다하고 목숨을 다하고 뜻을 다하고 힘을 다하여 주 너의 하나님을 사랑하라 하신 것이요 둘째는 이것이니 네 이웃을 네 자신과 같이 사랑하라 하신 것이라 이보다 더 큰 계명이 없느니라."막12:29-31 결국 하나님과 이웃에 대한 관계성이 전부라 할 수 있는 주님의 대계명과 하나님과 이웃에 대한 관계성이 없어도 상관없는 탐욕은 결코 함께 할 수 없는 반대의 자리에 있다.

현대 소비주의 사회에서 우리는 점점 사귐의 기술을 잊는다. 대신 우리는 자동차, 컴퓨터, 영화, 은행 잔고, 블로그, 게임 등을 통해 그 관계성의 빈틈을 대신한다. 소비주의 시대의 문명의 이기들은 인간이 혼자 살아도 전혀 불편하거나 지루하지 않도록 도와주고 있다. 오히려 속히 그 홀로 된 자리로 돌아가고 싶어 하는 것이 현대인의 모습인지도 모른다. 그들은 그 홀로 된 시간에 전혀 지루하지 않고, 언제나 시간이 부족하다고 하소연하며 살아가고 있다. 우리 안의 탐욕은 그 마음의 습관이 굳어질수록 우리를 홀로 된 자리에 더 견고히 붙잡아 두려 할 것이다.

관계를 통한 만남보다 소비를 통한 소유가 훨씬 더 나의 마음에 기쁨을 주며, 행복감을 느끼게 해 줄 때, 인간에 대한 비인격화의 문제는 시간문제일 뿐이다. 즉 우리는 상대방과의 관계 속에서 친밀함보다는 무언가를 얻으려고 애쓸 것이다. 그 무언가 얻는 일을 위해서라면, 때로는 상대방도 하나의 수단과 도구가 될 수 있다. 관계성의 깊이는 오직 상대가 갖는 효용가치에 의해 판가름날 뿐이다. 우정을 위한 우정의 자리는 그 어디에도 없게 된다.

주님께서는 부자와 나사로의 비유마16:18-31를 통해 탐욕스런 인간의 실체를 정교하게 묘사해 주고 있다. 나사로와 달리 그 이름이 알려지지 않은 한 부자는 "자색 옷과 고운 베옷으로" 한껏 자신을 치장한 가운데 매일 같이 호화로운 파티를 벌이며 살았다. 거지 나사로가 매일 구걸하던 곳이 이 부자의 대문20절이라는 설명에 비추어 보건대, 그의 집

또한 대저택이었음이 분명하다. 그러던 중 우연케도 이 부자와 거지 나사로는 같은 날 죽게 되지만, 부자는 음부로, 나사로는 아브라함의 품에 안기게 된다. 부자는 그가 어떤 일을 악하게 도모했기 때문에 음부로 간 것이 아니었다. 오히려 그의 문제는 어떤 일을 하지 않았기 때문이라고 볼 수 있다. 그가 의도적으로 관심을 두고 나사로에게 나아가지 못한 점이 문제였다. 물질에 눈먼 부자는 매일 자기 집을 오가면서도 그 대문 앞에 앉아 있는 나사로의 빈궁함과 연약함에 대해서는 전혀 관심이 없었다. 그의 부유하고 호화로운 삶의 풍경에 항상 들어가 있던 나사로였음에도 그는 끝내 나사로를 향한 어떤 관대함도 보이지 않았던 것이다.57)

마태복음 25장에서 예수는 비유가 아닌 사실로서 마지막 날의 모든 민족에 대한 심판에 대해 말씀을 하신다. 그것은 누가 예비된 하나님나라를 상속받을 것인가에 대한 내용으로 상당히 중요하다. "그때에 임금이 그 오른편에 있는 자들에게 이르시되 내 아버지께 복 받을 자들이여 나아와 창세로부터 너희를 위하여 예비된 나라를 상속받으라 내가 주릴 때에 너희가 먹을 것을 주었고 목마를 때에 마시게 하였고 나그네 되었을 때에 영접하였고 헐벗었을 때에 옷을 입혔고 병들었을 때에 돌보았고 옥에 갇혔을 때에 와서 보았느니라"마25:34-46 이 말씀은 결국 우리의 이웃에 대한 관대함이 우리의 구속과 긴밀하게 연관된다는 내용으로 앞의 부자와 나사로의 비유와 상통한다. 한마디로 하나님은 관계성을 대신할 그 어떠한 것도 용납지 않으신다.

그러나 탐욕에 의한 관계성 파괴의 문제는, 비인격화의 문제를 넘어서 부정의의 문제로 심화한다. 그날 밤 9시, 17살인 스티브 테레트는 새로 산 나이키 에어 조단 신발을 신고 여자 친구를 만나려고 집을 나섰다. 그로부터 한 시간 반 후, 경찰은 등에 총알이 박힌 테레트의 시신을 골목길에서 발견했다. 나이키 에어 조단을 갖기 위한 두 명의 십 대 소년들의 소행이었다. 테레트는 에어 조단 신발을 신었다는 이유로 범행의 대상이 되었던 가장 최근의 사례에 속한다. 1985년부터 NBA 농구 스타 마이클 조단의 이름을 딴 에어 조단이 시판되면서, 수많은 십 대들이 길거리에서 쓰러졌다고 한다.58) 고작 10여만원에 불과한 신발을 신고자, 누군가를 살해하는 – 그것도 대부분 비슷한 또래의 십 대들이 저지른 일이었다 – 현실은 현대의 소비주의 문화가 인간을 단순히 비인격적인 존재로만 만드는데 그치지 않고, 원하는 물건을 얻기 위해서라면, 다른 사람이 다치거나 목숨을 잃는 불의한 일들도 서슴지 않게 만들고 있음을 드러낸다.

탐욕은 인격적인 관계성 속에 부정의의 씨앗을 뿌린다. 갖고자 하는 물건에 대한 통제할 수 없는 탐욕의 습관들은 상대방을 속이며, 그 마음을 찢고, 심지어는 그 몸에 칼이나 총을 들이대는 일도 서슴지 않게 만든다. 곧 유행이 지나면 버리게 될 신발 한 켤레를 위해 우리는 불의한 행동을 불사하는 것이다. 전혀 부족함이 없음에도 나봇을 죽이고 그 포도원을 강탈한 아합왕의 탐욕왕상 21장은 현대의 물질 만능주의 시대에서는 결코 몇몇 괴팍한 악당들의 마음속에서만 발견되는 것이 아니다.

몇 해 전 미국의 인기있는 시사고발 프로그램인 「데이트 라인」을 통해 보다 싼 물건을 소비자들에게 내놓으려고 방글라데시와 같은 임금이 저렴한 지역의 값싼 노동자들이 고용주들에게 부당하고 열악한 조건 속에 노동하게 된 상황들을 묵인하고 내버려뒀던 월마트의 두 얼굴이 폭로된 바 있다.59) 더 싼 단가로 옷을 제작하고 판매하려면, 그 이름 없는 노동자의 인간으로서 존엄성까지 일일이 고려해서는 안 되는 것이 소비주의 사회의 현실이다. 그러나 더 큰 문제는 이같이 버젓이 불공정하고 불의한 조건에 의해 노동력이 착취되는 상황이 어딘가에서 매일같이 발생하고 있음을 알고 있으면서도, 현대의 소비자들은 여전히 무심하게 자기를 만족하게 하는 쇼핑에만 열중한다는 사실이다.

탐욕은 한마디로, 하나님의 청지기 된 우리의 삶을 망각하게 한다. 한 사람의 수입과 소유는 그 자신의 생활수준을 높이도록 부어주신 축복이 아니라 나누어주는 데 쓰여야 하는데, 현대 소비주의 사회의 그리스도인들에겐 좀처럼 수용하기 어려운 말이 되어버렸다. 하나님과 다른 사람들을 위한 관심 이전에 자신을 위한 투자에 집착하는 문화에 익숙한 iChurch 시대에, 탐욕은 죄악이 아닌 증권거래소와 노후를 위한 고상한 선택이자 누구나 부러워하는 생활방식이 되어버린 셈이다.

탐욕의 시대에 관대함이나 정의는 낭만적이고 비현실적인 주제처럼 되어버렸지만, 그리스도인들에게 여전히 명확한 사실은 관대함과 정의는 옵션이 아니라 하나님나라를 상속받기 위한 필수조건이라는 점이다. 그런 점에서 탐욕에 눈이 멀어 관계성을 소홀히 여기며, 관계를 통한 만남보다는 소비를 통한 소유에 더 집착하며 산다고 할 때, 그리고 그런 우리의 굳어진 습관이 한 인격과 그 생명까지 짓밟는 불의조차 망설이지 않는다고 할 때, 우리의 삶은 그 어느 때보다 치명적인 위기 가운데 있음을 부정할 수 없다.

관대함과 소통

제한된 자원에 대해 누군가가 더 많이 갖는다는 것은, 또 다른 누군가는 결핍하다는 것을 의미한다. 즉 비록 눈에 보이지는 않지만, 탐욕은 나의 이웃에게 바로 영향을 미치는 것이다. 우리가 너무도 자연스럽게 말하는 '경쟁사회'라는 용어 뒤에는 말처럼 아름다운 선의의 경쟁보다는 나의 탐욕에 의해 누군가가 결핍과 절망에 빠지는 냉혹하며 비열한 삶의 현실이 더 짙은 어둠으로 깔렸다는 사실을 인정하여야 한다.

그렇다고 돈과 소유가 그 자체로 나쁘다는 말은 아니다. 그것들은 분명히 유용한 자원이다. 심지어는 사치품조차 때론 인간의 삶에서는 있어야 할 자리가 있을 것이다. 금식이 잔치를 배제하지 않듯이, 탐욕을 막으려고 유용한 자원들의 가치를 전적으로 무시할 필요는 없다. 그러나 "돈을 사랑함이 일만 악의 뿌리가 되나니 이것을 탐내는 자들은 미혹을 받아 믿음에서 떠나 많은 근심으로써 자기를 찔렀도다"딤전6:10라고 지적했던 바울의 말을 가볍게 생각해서는 안 된다.

무엇보다 현대 소비주의 사회를 사는 '나라는 존재의 연약함'에 대해 iChurch 시대의 그리스도인들은 솔직히 인정할 수 있어야 한다. 돈과 물질에 대한 욕망을 결코 만만하게 봐서는 안 된다. 끊임없이 우리의 구매욕을 자극하는 광고물들은 지금도 우리 앞을 지나가고 있다. 그 안에는 단순히 상품의 기능성만이 아니라 그것을 소유함으로 부여될 것만 같은 존재감, 정체성, 품격, 행복 등의 허위의 메시지들이 함께 전달되고 있다. 경계하지 않는다면, 우린 그런 물화 된 세상의 논리에 쉽게 굴복당하며 추락할 수 있는 벼랑 끝에 서 있는 것이다.

수시로 우리는 평소 내가 얼마만큼을 소비하고 사는지, 어떤 용도로 돈을 쓰고 있는지, 과연 나는 필요를 위해 물건을 사는 것인지, 소비 자체를 위한 유희로 물건을 구매하는 것은 아닌지 확인해 볼 필요가 있다. 또한, 시장과 진열장에 의해 끌려가는 소비자가 아니라, 주체적으로 계획하여 구매하는 전략적인 소비자가 되어야 한다. 더 나아가 정기적으로 소비의 안식일을 지정해서 내가 소비를 목적으로 한 삶의 여정 가운데 있지 않으며, 하나님 한 분으로 말미암은 만족 가운데 살아감을 확인하며 훈련해야 할 것이다.

그러나 무엇보다 탐욕의 습관을 허무는 훈련은 관대함과 정의에 대한 습관을 새롭게 형성하는 데서 그 온전함을 이룬다. 그것은 단순히 돈의 재분배 문제를 뜻하지 않는다. 한 달에 얼마를 떼어 구제헌금에 쓰고, 십일조로 바치는 문제만을 의미하지 않는다. 십일조와 구제헌금의 본디 의미는 우리가 잊고 있던 하나님과 이웃의 관계들에 대한 친밀함을 회복하는 것을 의미한다. 그것은 소유보다 관계가 낫다는 고백에서 비롯된 실천이다. 실제적인 친밀한 관계성이 없이, 돈만 뿌려서는 참된 구제와 십일조는 완료된 것이 아니며, 관대함과 정의 역시 성립되지 않는 것이다. 도리어 어설픈 십일조나 구제는 하나님과 이웃과의 관계를 더 깊고 돈독하게 하기보다는 나의 탐욕스런 삶의 방식을 정당화시키는 그럴 듯한 종교적인 허울이 되기 쉽다.

관계성을 대신하려는 소비와 소유욕 대신, 친밀한 관계성을 회복하는 일에 우리의 시간을 보다 직접적으로 쏟아 부어야만 한다. 바른 우정을 맺는 일, 자녀와의 격의 없는 소통을 회복하는 일, 영적 약자들과 겸손히 교제하며 말씀으로 양육하는 일, 주님을 알지 못하는 이웃을 향해 조심스럽게 다가가는 일, 경제적 약자들을 위로하며 돌보는 일 등이야말로, 그 어떤 값진 진주보다 아름답고 고상한 하나님나라의 보화라는 사실을 깨달아야 한다. 쇼핑을 위한 시간 내기는 전혀 아까워하지 않으면서도 관계성을 위한 시간은 잠시도 견디지 못하는 삶의 풍경이 바뀌지 않는 한, 바른 영적 우정과 참된 인격적인 만남, 한 영혼의 구원과 성장은 온전히 이루어지기 어렵다. 그것이 복음의 신비이며, 나와 하나님의 관계 역시 그 같은 인격적인 친밀함에 기초하는 것이다.

끝으로 나사로를 그 삶의 풍경에서 놓친 탐욕스런 부자의 삶과 같이 되지 않으려면 현대의 화려한 소비주의 사회에서 교묘하게 가려진 사회적 약자들과 불의로 고통당하는 이들을 바로 볼 수 있어야 한다. 현란한 조명탑 아래서 모든 것이 괜찮다고 부추기는 백화점과 시장의 논리 앞에 우리는 불편한 진실들의 무게를 나와 내 믿음의 공동체가 짊어져야 할 십자가로 여기며 살아가야 한다. 그 어느 때보다 물질적으로 풍요로운 시대에 빈부의 격차는 가장 크다고 한다. 지구 상의 모두가 먹고 살을 만한 식량이 있음에도 한편에는 과잉 섭취로 고민하는 이들이 있고, 다른 한편에서는 영양결핍으로 죽어가는 이들이 있다. 문제는 환경 탓이 아니며, 소통의 문제라는 사실을 뒤늦게라도 깨달아야겠다. 바른 소통과 관계 맺기가 성립할 때, 부엌에 있는 고구마를 안방으로 가져오지 못해 굶어 죽는 인류의 불행한 가족들의 이야기는 다시는 들리지 않을 것이다.

8. 탐식

**우리가 직면해야 할 첫 번째 투쟁은 탐식에 저항하는 것이다.
왜냐하면, 탐식의 죄악에서 자유로워지지 않고서는
영적 전투에 참가할 수 없기 때문이다.** 카시안, 60)

"저희의 마침은 멸망이요 저희의 신은 배요 그 영광은 저희의 부끄러움에 있고 땅의 일을 생각하는 자라" 빌3:19

훈련소의 성인

아무리 생각해도 난 탐식과는 거리가 멀다. 일곱 가지 치명적 죄악들의 목록에 올라온 것치고는 그래도 자신 있는 하나를 찾는다면, 단연코 탐식을 말할 것이다. 그래서 잠시 개인적인 이야기를 나눠야겠다. 훈련병 시절, 내가 속한 내무반에는 지독히도 몸이 골골한 친구가 하나 있었다. 군 소집 영장을 받고, 훈련소에 들어왔건만 여전히 조기 퇴소 혹은 전역을 바라는 '약아 빠진 놈'은 아닐까. 모두 그렇게 의심과 원망의 눈초리로 그를 바라봤다. 새벽 구보부터 각종 훈련, 야전 훈련까지 이 녀석은 매번 퍽퍽 쓰러지며 문제를 일으켰다. 가뜩이나 세상의 때를 벗지 않은 훈련병들이라 군기를 잡고 있는데, 훈련 조교들 눈에 우리 내무반이 곱게 보였을 리 없다. 쓰러진 동기를 챙기는 것은 물론, 그로 말미암은 단체 기합은 항상 우리 내무반 몫이었다. 그때였다. 내가 식탐에는 이미 도통한 수준에 이르렀다는 것을 깨달은 것이. 다들 제 몸 가누기도 어려운 훈련소에서, 나는 힘들어하는 그 동기 훈련병에게 밥, 삶은 계란, 아이스크림, 심지어는 그 귀한 초코파이까지 식사 때마다 나누어줬던 것이다.

먹는 것에 관한 한 이렇게 난 또렷한 기억 속에 스스로 성인의 대열에 올려놓고 살고 있다. 지금도 더 많이 먹으라고 권하는 손길에 미련 없이 거듭 됐노라 손사래를 치는 내 모습 뒤에는 어떤 아우라가 번쩍이고 있을 것만 같다. 배 터지게 먹거나 급하게 먹느라 체하는 주변 사람들을 보면, 측은하며 미련하다는 생각이 들고, 절제가 기독교 신앙에서 얼마나 중요한가를 내심 가르쳐 주고만 싶다.

중년의 나이에 들어선 나는 이제 제법 나이에 걸맞은 뱃살이 조금 나왔지만, 여전히 식탐, 폭식과는 거리가 먼 그런 식습관을 갖고 살아가고 있다. '매일 정성껏 밥을 차려 주는 아내의 손길이 없었다면, 더 많은 금식의 기회를 얻을 수 있지 않았을까' 라는 생각이 들 정도다. 적어도 식습관에 대해서만큼은 난 자신에게 지극히 낙관적이다. 토마스 아퀴나스는 탐식을 일곱 가지 죄악 중에서 제일 앞에 언급할 만큼 심각하게 생각했다는데, 그런 글을 읽으면 난 생각보다 꽤 괜찮은 그리스도인이라는 우쭐함을 다스리기에 바쁘다.

그러나 과연 이것이 바른 판단일까? 탐식에 관한 한 정말 나는 자신 있는 것일까? 어쩌면 대부분 현대인이 나와 같은 생각과 태도로 매일 식탁과 먹을거리 앞에 서지 않을까? 과연 얼마나 많은 사람이 자신을 '나는 폭식가야' 라고 규정짓고 살아가겠는가?

식탐에 대해 연구를 하면서, 저자는 자신에 대해 다시 돌아보는 귀한 시간을 가질 수 있었다. 무엇보다 탐식은 먹는 양을 기준으로 규정되는 것이 아님을 깨달았을 때, 왜 아퀴나스와 같은 고매한 신학자들과 수도사들이 탐식을 일곱 가지 치명적 죄악 중의 하나로 규정했는지 비로소 이해할 수 있었다. 물론 그 가운데 저자 자신이 지독한 탐식가였다는 사실도 밝혀지고야 말았다.

양이나 질 문제가 아니다

식탐은 비만한 자들에 대한 죄악이 아니다. 탐식은 얼마나 많이 먹느냐에 의해 가늠되는 죄악이 아니다. 사람마다 먹는 양은 다르다. 운동선수와 같이 칼로리 소모량이 많은 이들은 다른 사람들보다 더 많이 먹을 수밖에 없다. 반대로 소화를 잘 못시킨다거나 온종일 앉아만 있는 사람들은 남보다 더 적게 먹곤 한다. 이 두 경우를 단순 비교하여, 많이 먹는 전자를 탐식가로 규정해서는 안 된다. 어쩌면 분명한 목적의식을 갖고, 정량의 음식과 영양분을 섭취하는 운동선수야말로, 탐식과는 거리가 멀다고 볼 수 있다. 반대로 정상적이다 못해, S자형 몸매를 갖고 살면서도, 저녁을 먹으려고 이곳저곳을 전전긍긍하며, 더욱 맛있고 건강한 음식을 까다롭게 찾아 헤매는 모습 속에서 우리는 탐식가의 모습을 엿볼 수 있다. 탐식은 지극히 정상적인 현대 소비자들을 유혹한다.

탐식은 즉석식품이나 소위 '불량 식품'에 맛 들린 아이들에 대한 죄악도 아니다. 몸에 좋지 않은 음식을 섭취하는 것 자체가 죄악이 된다면, 먹을 것이 없어 매일 라면으로 끼니를 때우는 달동네 가족은 죄인 중의 죄인일 것이다. 탐식은 어떤 수준의 음식을 먹느냐로 규정될 수 없다. 이미 주님께서는 음식에 대한 그 같은 편견과 관습에 대해 정리해 주신 바 있지 않던가? "입에 들어가는 것이 사람을 더럽게 하는 것이 아니라…"마15:11 더 나아가 하나님께서는 환상 가운데 베드로에게 유대인들이 먹어서는 안 되는 음식들을 먹으라 세 번이나 연이어 강권하셨다. "하늘이 열리며 한 그릇이 내려오는 것을 보니… 그 안에는 땅에 있는 각색 네 발 가진 짐승과 기는 것과 공중에 나는 것들이 있는데 또 소리가 있으되 베드로야 일어나 잡아먹으라… 하나님께서 깨끗하게 하신 것을 네가 속되다 하지 말라"행10:11-13,15 하나님께서 내려 주신 '불량식품' 유대인의 관점에서 말이다 먹기를 거부할 경우, 베드로야말로 자신이 원하는 특정한 음식을 더 고집하며 편애한다는 관점에서 탐식의 죄악을 범하게 되는 셈이었다.

탐식이 단순히 먹는 양의 문제가 아니며, 먹는 음식의 질이나 종류의 문제도 아니라면, 도대체 탐식이란 무엇이란 말인가? 더 나아가 왜 매일의 평범한 일상 속에서의 먹는 문제가 우리의 영적 생활의 죽음에 이르는 죄악으로까지 연관되는 것일까?

무엇보다 탐식은 양과 질이 아닌, 동기와 관련된 죄악이다. 즉 먹는 문제가 자기애에 기초한 즉각적이고 오감을 총동원하는 말초적인 쾌락에 의한 것인지를 묻는 것이다. 이에 대해 드 영은 "탐식은 우리가 얼마나 많이 먹느냐에 대한 죄악이 아니지만, 우리가 먹는 것을 통해 얼마나 많은 쾌락을 추구하고 있으며, 왜 그래야 하는가에 대한 답으로서의 죄악이다"라고 답하고 있다.61) 인간은 배고픔을 느끼기에 먹고, 그것으로 포만감이라는 기쁨을 누린다. 이러한 패턴은 지극히 정상적인 하나님의 피조물이 가진 본디 모습이다. 문제는 우리가 본래의 생존 욕구로서가 아닌 과도한 쾌락으로서 우리의 배를 채우려는 습관적인 생활방식에 있다.

드 영은 탐식에 관한 우리의 질문이 "얼마나 많이 먹느냐"에서 "내가 얼마나 먹는 쾌락에 빠져 있는가"를 살피는 것으로 바뀌어야 한다고 말하고 있다.62) 그런 점에서 오늘날 흔히 말하는 "먹는 재미로 산다"는 말은 많이 먹는 문제보다 훨씬 더 탐식에 가깝다고 볼 수 있다. 내가 기대하는 음식을 먹지 못했을 때의 과도한 실망 내지는 불평을 하는 것은 단순히 어린아이의 반찬투정 정도로 귀엽게 봐줄 것이 아니라, "저희의 신은 배요"라고 말했던 바울의 경고 대상으로 여겨야 한다. "먹는 재미"는 아무에게도 해를 끼치지는 않지만, 지극히 "땅의 일을 생각하는" 삶에 고착되도록 하는 지름길이 된다는 사실을 깨달아야 한다.63) 바울은 이러한 탐식에 대해 가차없이 다음과 같은 마침표를 찍는다. "저희의 마침은 멸망이요."빌3:19

가장 먼저 시작된 죄악

하나님은 에덴동산에서 인간을 먹는 존재로 창조하셨다.창2:16 그뿐만 아니라 하나님은 인간이 먹는 문제로 어려움을 겪을 때 개입하시곤 하셨고, 축복과 저주의 약속에 대한 묘사 가운데는 먹는 것에 대한 이야기가 지속해서 등장한다. 신약에 와서도 음식에 대한 하나님의 관점은 성육신 하신 예수님을 통해서도 지속한다. 주님의 첫 이적도 가나의 혼인 잔치에서 물이 포도주가 되게 하신 것이었고, 굶주린 무리를 민망히 여기시며 오병이어의 기적을 베푸시기도 하셨다. 음식과 주님의 사역은 너무도 밀접하게 연관되었기 때문에 적대자들은 늘 죄인들과 함께 식사를 즐기신 예수님을 가리켜 "먹기를 탐하고 포도주를 즐기는사람"마11:19이라는 악명까지 붙여주었다. 무엇보다 주님은 스스로 "떡"이라 규정지으시고, "사람이 이 떡을 먹으면 영생하리라"요6:51고까지 말씀하셨고, 그 죽으심과 관련해서는 제자들이 당신의 몸과 피를 상징하는 떡과 포도주를 먹으며 기념할 것을 분부하셨다. 또한, 하나님께서는 그리스도를 영접한 신자의 구원 이후의 삶에 대해서도 "더불어 먹는" 관계로 설명하셨다. "볼찌어다 내가 문밖에 서서 두드리노니 누구든지 내 음성을 듣고 문을 열면 내가 그에게로 들어가 그로 더불어 먹고 그는 나로 더불어 먹으리라"계3:20 심지어는 제한적으로 설명되고 있는 천국에서의 삶에 대한 이미지 가운데는 반복해서 잔치가 등장한다.마 22:2-14; 눅13:29; 계19:17-18

성경은 이렇게 처음부터 끝까지 먹는 존재로서의 인간을 묘사하고 있다. 인간에게 있어서 떡과 밥은 생명과 직결되는 것들이다. 따라서 인간의 생명을 주관하시는 하나님의 보호 역사는 인간의 먹는 문제와 긴밀하게 연관되어 묘사되고 있는 것이다. 문제는 인간은 어느 순간에서부터인가 떡을, 생존을 위해 먹는 것 이상으로 여기기 시작했다는 데 있다. 놀랍게도 그 같은 일은 창조 사건이 있고 나서 얼마 되지 않아서 일어났다. 동산의 각종 실과를 먹을 수 있었던 아담과 하와가 선악을 알게 하는 나무의 실과를 먹은 것은 단순히 배고픔과 생존의 욕구 때문이 아니었다. 그것은 육신의 문제 때문이 아니라 영적인 문제로 따먹은 사건이었던 것이다. 그것은 정도를 벗어나는 일이었고, 잉여와 쾌락에 대한 욕망이었다.

탐식이 사막의 교부들에게도 무엇보다 우선하여 경계해야 할 죄악된 생각의 리스트에 오른 것은 결국 성경에서 인간을 가장 먼저 죄악의 늪에 빠지게 했다는 사실 때문이다.64) 생각해 보라. 생존을 위한 가장 열악한 조건이라 할 수 있는 사막 한복판에서 어디 그렇게 산해진미가 풍성하며, 먹을거리가 많다고, 사막의 수도사들은 먹는 문제를 경계하며, 금식을 중요시했던 것일까? 그만큼 먹는 유혹이 주는 영적 타격이 크다는 이유 외에는 달리 설명할 수 없을 것이다. 모든 것이 넘치도록 풍성했고 하나님과 함께 동산을 거닐었다는 지상낙원 에덴에서조차 그 인류의 돌이킬 수 없는 첫 죄악이 "먹음직도 하고 보암직도 하고 지혜롭게 할 만큼 탐스럽기도 한"창3:6 실과를 먹은 데서 시작된 것이라면, 현재의 죄악 된 세상에서는 당연히 더 경계해야 하지 않겠는가?

영적 전투의 길을 잊게 함

사막의 교부 포에멘은 위벽을 경계하지 않는 사람은 그 사람의 중심인 영혼이 무방비 상태로 공격당하도록 내버려두는 것과 같다고 여겼다.65) 또 다른 사막의 교부 하이퍼리치우스는 "금식은 세속적인 쾌락이 들어오는 출입문을 바싹 마르게 하여 봉쇄시킨다"라고 말한 바 있다.66) 존 카시안은 첫 번째로 극복해야 할 결점의 목록 첫머리에 탐식을 넣고 있다. "우리가 직면해야 할 첫 번째 투쟁은 탐식에 저항하는 것이다. 왜냐하면, 탐식의 죄악에서 자유로워지지 않고서는 영적 전투에 참가할 수 없기 때문이다."67) 사막의 교부들에게 있어서 배를 채우는 음식은 영적 삶을 방해하는 세속적 쾌락과 긴밀하게 연결되어 있어서 그것이 비록 빵 몇 조각과 소금 한 움큼이라 해도 경계하여야 하는 것이었다. 무엇보다 영적 전투를 위해 몸이 강건해야 한다는 현대적 사고와는 다른 태도를 보이고 있다는 점이 눈에 띈다. "허약함을 요란하게 불평하지 말지라…. 몸이 강해지면 우리에게 반하여 일어나 끊임없이 싸움을 벌일 것이로다. 음식을 박탈당한 몸은 순종적인 말이 되어 결코 등에 탄 이를 내던지지 않는다."68)

먹는 것 자체가 쾌락일 수 있지만, 수도사들은 사람이 배부르면 이후에 쾌락의 수단으로 그 몸을 이용하기 더 쉽다는 사실에 대해 더 경계했다. 몸과 영은 통전적으로 자라나야 하지만, 우리는 쉽게 위장을 채우는 일처럼 육의 일에 더 많은 시간과 정력을 쏟아 붓는다. 나의 영을 충만케 하는 경건의 시간이 유익함을 알지만, 배고픔을 못 이겨, 이미 포만감에 찬 육체는 우리에게 단잠의 쾌락을 부추긴다. 또한, 배가 채워지면, 어서 또 나가 보다 더 생산적인 일에 힘을 쏟으라고 부추긴다. 때론 그 배부름은 나태함이 되어 지금 내가 해야 할 중대한 일로 나아가는 길은 한없이 멀게 만들어 버린다. 이처럼 한번 습격당한 육체의 유혹은 도미노처럼 또 다른 육체의 유혹으로 계속 우리를 쓰러뜨리는 것이다.

사람은 영과 육이 함께 자라야 하는데 육적인 쾌락과 갈망이 지나치게 되면, 영적 성장의 필요성을 느끼지 못하거나 그 마음이 무뎌지게 된다. 탐식 같은 경우, 구미를 당기는 쾌락에 반복적으로 빠져들게 되면, 우리의 배는 만족감을 누릴지 몰라도 영적 기아 상태를 면하기란 쉽지 않다. 그런 점에서 탐식가는 예로부터 인간이 아닌 동물에 비유되곤 하는 것이다. 물론 이 경우, 생존을 위해 먹는 동물이 쾌락을 좇는 인간에 비해 차라리 더 나은지도 모르겠다.

일상 속의 각성

본 장의 결론은 '탐식은 나쁘기에 조금만 먹자고 하거나, 먹는 것으로 희열을 느끼면 안 되니까 질 나쁜 음식을 먹자'는 식으로 이해돼서는 안 될 것이다. 그런 점에서 어거스틴의 말을 귀담아들을 필요가 있다. "현명한 자는 진수성찬을 먹으면서도 식도락이나 탐식의 죄를 짓지 않을 수 있지만 어리석은 자는 형편없는 음식을 먹으면서도 추잡하기 짝이 없는 역겨운 욕망을 드러낸다. 마음이 똑바른 사람은 에서나 황소처럼 콩을 먹느니, 예수처럼 물고기를 먹을 것이다."[69]

인간은 하나님 앞에서 자신이 영적인 목적을 위해 창조되었다는 사실을 잊지 말아야 한다. 먹는 것에 더욱 잘 훈련이 되어 있다면, 우리는 영적인 것에 집중하는 데 큰 도움이 될 것이다. 그것은 우리의 육체를 업신여기라는 의미가 아니라, 우리의 영성을 극대화할 수 있도록, 다시 말해 하나님을 닮아가는 우리의 신앙의 여정이 굳건할 수 있도록 영과 육의 최상의 상태를 유지하라는 의미다. 우리가 먹는 것은 우리 자신의 쾌락에 의해 지배받아서는 안 된다. 먹는 것은 우리의 영적 갈망을 도와야 한다. "하나님의 나라는 먹는 것과 마시는 것이 아니요 오직 성령 안에서 의와 평강과 희락이라"롬14:17

매일의 반복되는 시간으로서의 식사 시간은 너무도 익숙한 나머지 방심하고 방치된 시간인지 모른다. 어려운 신학 책을 보다가도, 누군가를 열심히 돕다가도, 기도를 하다가도 우린 식탁으로 모인다. 그 시간만큼은 먹고, 누리며, 쉬는 시간이다. 그걸 누가 문제 삼겠는가. "사는 게 뭐 있나. 이렇게 먹고 마시다가 가는 거지." 고단하고 지친, 한 소시민다운 읊조림은 탐욕스럽고, 불의한 사람들의 구역질 나는 행태들에 비하면, 소박하며 따뜻하기까지 하다. 그러나 그리스도인들에게 먹고 마시는 일이 삶의 이유일 수는 없다. 그냥 열심히 살면서, 주어진 밥 제때 챙겨 먹으며 살아가는 삶이 세상에서는 평균적 삶이요, 그 사악한 세상에서는 상대적으로 고상한 삶의 모습인지 몰라도, 하나님나라와 그 의를 바라며 살아가는 그 백성에게는 표류하는 인생의 다른 버전에 지나지 않는다.

주님께서는 마지막 날의 징조에 대해 말씀하시는 가운데 노아와 롯 시대의 사람들이 왜 심판을 받았는가에 대한 이야기를 하신다. "노아가 방주에 들어가던 날까지 사람들이 먹고 마시고 장가들고 시집가더니 홍수가 나서 그들을 다 멸망시켰으며 또 롯의 때와 같으리니 사람들이 먹고 마시고 사고팔고 심고 집을 짓더니 롯이 소돔에서 나가던 날에 하늘로부터 불과 유황이 비 오듯 하여 그들을 멸망시켰느니라"눅17:27-29 주님께서는 노아의 때에 사람들이 더 악했다는 식으로 말씀하고 계시지 않다. 롯의 때에 사람들이 불의와 방탕함이 도를 넘어섰다는 식으로 설명하고 계시지도 않으신다. 주께서 묘사하셨던 노아의 때와 롯의 때를 특징짓는 사람들의 모습은 지금 이 시대를 살아가는 보편적 인간의 모습과 하나도 다를 바가 없다. 먹고 마시고, 가정을 이루고, 사고팔고… 하나님의 자녀라는 큰 틀이 전제되지 않을 때는 아무 문제가 없을지 모르지만, 하나님의 피조물로 살아가는 인간이라는 조건 아래서 그 같은 삶은 불완전하며 무책임한 삶이다. 먹고 마시는 일에서도 우리의 영적 삶의 건강을 연결 지으며, 하나님나라의 의의 백성으로서의 삶을 결부시키지 못한다면, 우리 또한 노아의 때나 롯의 때와 같은 심판에서 예외가 될 수 없을 것이다. "인자의 나타나는 날에도 이러하리라"30절

고린도전서 6장에서 바울은 탐식과 정욕의 죄악에 대해 함께 논하는 가운데, "너희 몸은 하나님께로부터 받은바 너희 가운데 계신 성령의 전"19절임을 일깨우고 있다. 또한, 그 몸은 값으로 산 바 되었으니 그 몸

으로 하나님께 영광을 돌릴 것을 명하고 있다. 20절 자기만족을 위한 배부름은 하나님을 향한 영적 성장의 통로를 가로막는다. 자기만족을 위한 그 배부름의 탐식은 습관적으로 발생하여 우리의 삶과 성품에 그렇게 일상적으로 자리하게 되는 것이다. 그리스도인들에게 먹고 마시는 일은 더욱 건강한 하나님의 백성으로 살도록 주어진 것이라는 사실을 우리는 평범한 일상에서 깨달아야만 한다. 매일의 반복되는 그 소소함에 파묻혀 큰 틀을 놓쳐서는 안 되는 것이다.

까탈스러운 입맛

세상은 가혹하다. 모두가 무언가에 탐닉하고, 거기서 헤어 나오지 못하는 병을 앓고 있으면서도, 비만한 자들이나 탐식가에게만 곱지 않은 날 선 눈빛과 냉소적 편견을 드러내고 있으니 말이다. 처음부터 말했지만, 본 장은 비만한 자나 대식가를 비판하기 위한 것이 아니었다. 다만, 그들의 문제라면, 남의 눈에 띄지 않게 무언가를 탐닉하는 사람 대부분보다, 식탐이라는 감출 수 없는 아이템을 건드렸기 때문이 아니겠는가. 그러나 이제 그들은 식탐 혹은 그로 말미암은 비만이 사회적으로 좋게 받아들여지지 않는 사실을 이미 알고 있다는 점에서 오히려 희망적인지 모른다.

정작 소비주의 시대에 탐식을 경계해야 할 사람들은 따로 있다. C.S.루이스는 『스크루테이프의 편지』에서 많이 먹는 것이 잘못이라는

것을 인간이 이제 다 알고 있다고 판단한 마귀가 새로운 전략으로 인간들에게 접근을 시도하는 모습을 묘사하고 있다. 즉 과식으로서의 탐식을 혐오하며 경계하는 현대 문명 앞에 마귀는 까다로운 입맛으로의 탐식으로 인간을 공략하는 것이다.70) 현대의 까다로운 음식 소비자들은 더 좋은 음식을 먹으려고 고르고 또 고른다. 참살이|wellbeing 시대의 건강과 다이어트에 몰입하는 사람들이야말로, 기름기 흐르는 더블 치즈 햄버거를 세 개째 먹는 사람보다도 더 먹는 것 자체에 의미와 동기부여를 하며 쾌락을 누리는 신 탐식가들인지 모른다.

소비주의 시대의 시장은 현명하게도 잘 먹고 잘 사는 일을 중시하는 소비주의 시대의 소비 심리를 바로 파악했다. 그들은 S자 몸매를 위해 칼로리가 없는 다이어트 콜라와 삼키지 않고 맛만 느낄 수 있는 껌과 같은 식품들을 개발하기 시작했다. 안전을 위해서라면, 지갑 여는 일을 서슴지 않는 소비자들을 위해 그들은 유기농, 직거래 등의 이름으로 조금 더 비싼 가격의 제품들도 내놓는다. 이제는 먹는 것에도 등급이 생겨, 저소득층이 먹는 보통의 식료품과 상류층이 먹는 식료품의 수준 차이가 있다. 먹는 것까지도 문화화되고, 유행을 따르는 세상이 된 것은 그만큼 소비주의 시장이 우리 삶 곳곳에 침투하고 있다는 증거다. 이처럼 더 좋은 것을 잘 골라 먹으려는 이 '까다로움'은 우리도 의식하지 못하는 사이에 자기애와 자기만족의 습성을 강화하게 된다.

수많은 먹을거리가 쏟아져 나오는 소비주의 시장에서 우리는 의도하지 않은 미식가가 되며, 나의 가정은 장수 가족이 된다. 그러나 왜? 무엇을 위한 목적으로 우리는 오늘도 어떤 식품을 살 것인가를 고민하며 쇼핑 카트를 끌고 가고 있는가? 왜 우리는 필요 이상으로 여러 매체를 통해 더 좋은 음식에 대한 이야기에 귀 기울이며 살아가고 있는가? 왜 나는 더 건강해야 하는가? 왜 밤마다 무엇을 먹을까하며 맛 집을 찾아 돌아다녀야 하는가?

우리는 우리도 모르는 사이에 먹고 마시는 일을 삶의 중요한 영역에 포진시켜 놓고 말았다. 인정하고 싶지는 않지만, 이미 우리는 '먹으려고 사는' 그런 시대를 살아가고 있는지 모른다. 한 끼에 수십, 수백만 원 하는 식사를 하는 사람을 정신 나간 사람으로 취급한다지만, 어쩌면 머지않아 나의 모습도 먹는 것에 지금보다 더한 의미를 부여하며, 한 끼를 위해 비싼 값을 치르는 것도 마다하지 않는 삶을 쫓아가게 될지도 모르겠다.

냉장고 속의 크림 케이크

리처드 포스터는 "금식은 우리를 통제하는 실체가 무엇인지를 폭로한다"라고 명쾌히 지적한 바 있다.71) 금식은 우리의 육체를 불편하게 함으로, 그전에 누리던 편안함과 쾌락의 실체가 무엇인지를 명확하게 해 준다. 따라서 제아무리 평범하게 살아가던 이들도 금식을 통해 자신이 무언가를 탐닉하고 있었고, 하나님을 신뢰하지 않고 교만했음을 고백하게 된다. 결국, 금식은 우리로 하여금 하나님께 전적으로 의존하게 한다. 그렇게 금식은 불편함과 결핍을 경험하는 가운데 영적 식욕을 돋워 주며, 하나님 편에 머물게 하여 준다.

본 장을 읽으며 스스로 탐식의 유혹 가운데 있다고 느끼지 않는다 하더라도, 금식을 통한 훈련에 참여해 볼 것을 권한다. 금식은 나의 실체를 드러내기에, 그것만으로도 영적 영양분을 충분히 공급해 줄 수 있다. 거리로 나가면 수많은 먹을거리가 다양한 모습으로 우리를 유혹하는 세상에서 금식은 "사람이 빵만으로 살 것이 아니라"는 주님의 길에 함께 서도록 이끌어 준다. 금식을 통해 우리는 무언가를 탐닉하는 나의 어두운 실체를 보기도 하지만, 이전에 내가 누리던 것들이 새삼 얼마나 감사하며 귀한 것인가도 깨닫게 된다. 밥 한 그릇에 대한 감사와 기쁨과 만족을 경험하게 해 주는 것이다.

주님께서는 금식과 관련해서 외식하는 자의 금식을 폐하셨지만, 금식 자체를 무효화하시진 않으셨다. 실제로 초대교회는 정기적으로 유대인의 금식과 구별된 자신들만의 금식을 했다는 사실이 초대 기독교 공동체의 규범집인 『디다케』엘도론 역간를 통해 소개되고 있다: "너희의 금식이 위선자들의 금식과 같게 하지 말아라. 그들은 월요일과 목요일에 금식하니, 너희는 수요일과 금요일에 금식해야만 한다."72) 마틴 루터도 금식이 주는 유익에 대해서만은 인정했고, 그 훈련을 지속할 것을 강론한 바 있다. "저는 자신에게 일 년 내내 매주 금요일 저녁은 금식하는 것을 용인하겠습니다"라고 말했을 정도로, '믿음으로 말미암는 의'를 고수했던 그 역시 평소 육체의 훈련을 게을리하지 않았음을 보여주고 있다.73) 존 웨슬리도 수천 명의 감리교도가 금식하지 않는 모습을 보며 통탄한 것을 볼 수 있다. "저는 영국과 아일랜드의 수천 명의 감리교도가 더는 금식하지 않는 잘못된 습관을 가진 것에 두려움을 느낍니다. 그들은 일주일에 두 번은 고사하고, 한 달에 두 번의 금식조차 하지 않습니다. 여기 계신 여러분 가운데 혹 새해 첫날부터 이제껏 단 한 번도 금식하지 않으신 분도 계시지 않습니까?"74) 남아프리카 케이프타운의 개혁주의 목회자였던 앤드류 머레이 역시 금식의 중요성에 대해 다음과 같이 일깨워 주고 있다. "금식은 우리로 하여금 하나님나라를 이루려면 무엇이라도 심지어는 우리 자신까지 희생할 준비가 되었다는 다짐을 하나님 앞에 표현하고, 더 깊게 하며, 확증하도록 도와줍니다."75)

이처럼 몸을 쳐 복종케 하는 금식의 훈련은 iChurch 그리스도인들에 겐 너무도 중요하다. 금식은 우리의 삶의 크고 작은 모든 행위가 하나님의 영광을 지향해야 한다는 점을 우리의 몸으로부터 먼저 체득하게 해 준다. 특히 탐식과 같이 몸의 유혹과 직결되는 유혹이면 더욱 그러하다. 지적 훈련에 능한 iChurch 그리스도인들은 어떻게 살아야 한다는 데에는 쉽게 동의하지만, 그러한 삶을 살려면 그 생각만이 아니라, 그 몸을 쳐 복종케 해야 한다는 사실은 잊는 경우가 많다. 하나님은 우리의 모든 것을 동원해 당신을 사랑하라고 명하셨다. "이스라엘아 들으라 우리 하나님 여호와는 오직 하나인 여호와시니 너는 마음을 다하고 성품을 다하고 힘을 다하여 네 하나님 여호와를 사랑하라."신6:4-5 바울 역시 "너희 몸을 하나님이 기뻐하시는 거룩한 산 제사로 드리라"롬12:1라고 말했다. 우리는 교묘하게 마음만 중요하다고 말하며 마음과 몸을 떼어 놓으려 하지만, 몸과 마음과 영은 그렇게 마음대로 나누거나 쪼갤 수 있도록 지음 받지 않았다. 내 몸이 쾌락을 좇을 때, 내 마음과 영도 피폐할 수밖에 없고, 내 생각이 바르지 못할 때, 그것은 내 행실로도 나타나는 법이다. 그럼에도, 우리는 신앙의 문제를 늘 관념과 지적 동의의 수준에서만 다루려고 한다. 몸의 습관들은 무시한 채로 말이다. 우리는 저 과격한 일부 사막의 수도사들처럼 우리의 몸을 가혹하게 다룰 필요까지는 없겠지만, 몸의 습관을 죽이려면 우리의 생각만으로는 부족하다는 사실을 깨달아야 한다. 특히 탐식의 경우, 우리의 고약한 몸의 습관까지 바로 잡는 열심이 없다면, 냉장고 속의 크림 케이크는 곧 내 뱃속으로 들어가 있게 될 것이다.

> "그런즉 너희가 먹든지 마시든지 무엇을 하든지 다 하나님의 영광을 위하여 하라. 고전10:31

9. 정욕

**주님, 제가 순결하고 성적으로 절제할 수 있게 하소서,
단 지금은 아닙니다.** 어거스틴, 76)

"…여자를 보고 음욕을 품는 자마다 마음에 이미 간음하였느니라" 마5.28

이 글을 쓰는 동안에도 CNN 뉴스 속보를 통해 12살 된 여자 아이가 성매매와 관련된 여성에게 유괴됐다는 소식이 들린다. 선정적인 화장과 옷차림, 섹슈얼한 아름다움이 이 시대의 미가 되는 상황에서 육신의 정욕과 관련된 범죄들이 기승을 부리는 것은 전혀 이상한 일이 아닌지 모른다. 오늘날 서구 사회에서 한 성인이 하루에 접하게 되는 광고물이

3만여 건에 이른다고 한다. 그 가운데 절반 이상이 성적인 문구나 이미지가 결부되어 있다고 봐도 과언이 아닐 것이다. 영화나 드라마도 흥행을 위한 볼거리로서의 선정성은 공공연하게 사용된다. 이제 막 엄마 품에서 나온듯한 10대 아이들조차 미디어를 통해 거리낌 없이 이 같은 선정성의 도구가 되고 있다. 과거에는 도색잡지나 비디오 하나를 가진 아이는 그 반에서 거의 영웅이나 다름없을 만큼, 음란물은 음지 가운데만 존재했었지만, 오늘날 우리는 마음만 먹으면 인터넷을 통해 안방에서도 음란한 영화나 사진들을 실컷 즐길 수 있다.

그러나 정욕과 관련된 문제는 현대 사회의 고민만은 아니다. 기독교 교회사에서 없어서는 안 될 영적 거장 어거스틴은 정욕의 문제로 오랜 시간 괴로워했던 것으로 악명 높다. 그에게 있어 하나님을 향한 영적 성장의 가장 큰 방해물은 성적 욕구였던 것 같다. 이미 16살 때부터 그는 에로스적 열정이라 불리는 큐피디타스cupidity에 사로잡혀 방황해야 했다. 그는 "주님, 제가 순결하고 성적으로 절제할 수 있게 하소서, 단 지금은 아닙니다"라고 기도했다. 오죽하면 성적 순결과 절제를 위한 마음과 그럼에도 지금 당장 충족하고 싶은 성적 욕망 사이에서 갈피를 잡지 못하는 기도를 해야 했겠는가. 그는 그 자신이 정욕의 악한 습관의 노예가 됐고, 자신의 의지로는 거기서 헤어 나올 수 없다고 탄식하고 있다.[77]

성적 욕구는 골칫거리다. 이 때문에 무너진 가정과 상처 입은 영혼과 버려진 아이들은 넘쳐난다. 성적 욕구는 하루아침에 빌 클린턴과 같은 유능한 사람의 발목을 잡기도 하고, 경건한 목회자와 그 교회를 한없이 추락하게 한다. 성적 유혹만 없었더라면, 지금쯤 훨씬 더 훌륭한 사회적 업적과 바른 영향을 미치며 살았을 사람들을 우리는 이미 여럿 알고 있다.

그러나 정욕이라는 죄악은 가십거리로만 그칠 일이 결코 아니다. 기회(?)만 된다면, 이미 내 안에 있는 성적 욕망은 언제든 준비되어 있기 때문이다.

성의 아름다움

하나님은 인간을 성적 존재로 만드셨다. 성적 욕망은 죄악의 결과로 주어진 것이 아니었고, 에덴에 본래 충만했다. 토마스 아퀴나스는 죄로 말미암은 타락 이전에 에덴동산에서의 성적 결합은 훨씬 더 유쾌한 일이었으리라 추론하고 있다.[78] 비록 오늘날 혼탁한 성문화와 우리 자신의 절제하지 못하는 정욕의 문제들이 성을 더럽고, 악하고, 우리의 의지를 방해하는 거추장스러운 것으로 변질시켰지만, 그것은 본래의 아름다운 성과 그와 관련된 바른 모델을 제대로 볼 수 없었기 때문이다.

다른 여섯 가지 죄악보다 우리는 정욕의 죄에 대해 훨씬 더 관대함을 잃는다. 탐식의 죄악 때문에 교회에서 파면당한 목회자의 이야기는 들어본 적이 없다. 나태하다는 이유 하나만으로, 다음날 조간신문 사회면에 이름을 올린 사람의 이야기도 들어본 바 없다. 물론 분노, 시기심, 탐심 등이 뿌리가 되어 큰 사회적 물의를 일으키기도 하지만, 정욕의 죄는 가장 파장이 크고 치명적이다. 술이나 약물중독, 사기, 폭행 등으로 활동을 중단했던 연예인이나 정치인들이 다시 현역에 복귀하는 경우는 종종 보게 되지만, 정욕과 관련된 죄를 범한 경우는 좀처럼 원상복귀가 힘들다.

드 영은 이에 대해 성이 가진 두 가지 신학적 특징 때문이라고 답한다. 첫째, 성은 두 사람이 하나의 몸으로 결합하도록 설계된 활동이라는 점과, 둘째, 성적 결합은 새로운 인류를 창조하도록 설계되었다는 점 때문이다. 한마디로 성적 관계 속에서는 항상 사랑과 생명이라는 두 가지의 위태로운 상태가 전제된다. 그 관계는 더 깊어질 것인가? 중단될 것인가? 그 생명은 보존될 것인가? 버려질 것인가? 인류의 관계성과 생명에 연관된 성이기에 그것이 정욕으로 잘못 쓰일 경우, 그 관계성과 생명은 위협을 받게 되는 것이다. 이에 대해 프레드릭 뷰크너는 다이나마이트와 심근경색 완화제로 사용되는 니트로글리세린의 예를 들어 잘 설명해 주고 있다. "니트로글리세린처럼, 그것성은 다리를 붕괴하는 데 쓰일 수도 있고, 심장을 치유하는 데 쓰일 수도 있다."79)

거룩한 열망 vs. 자기만족

로날드 롤하이저는 영성을 인간이 어떻게 그 마음 안에 있는 에로스적 욕망을 다스리느냐에 대한 것이라고 정의한다.80) 우리 마음 안에 있는 '불'을 어떻게 여과시키며 분출하는가가 바로 영성이라는 것이다. 이 같은 정의에 따라서 영성을 이해한다면, 영성이란 영성훈련을 통해서 비로소 획득되는 것이 아닌, 인간 모두에게 이미 내재한 것이다. 다만, 그것을 어떻게 적절히 사용하는가에 따라 마더 테레사와 같은 영성, 혹은 마약중독자와 같은 영성이 되는 것이다.

바른 영성은 우리 안에 있는 열망을 하나의 채널로 토해내며, 하나의 길에 일관된 관심을 두게 한다. 키에르케고르가 말하듯 "성인saint이란 오직 한가지만을 바라는 사람이다."81) 우리가 헌신을 싫어하는 이유도, 그것이 고돼서라기보다는 헌신을 함으로 다른 것들을 포기해야 한다는 이유 때문이다. 기독교 영성훈련의 목적은 사방으로 분출할 수 있는 우리의 에로스적 에너지를 하나님나라와 그 의를 위해 바르게 분출하며 살아가기 위함이다.

이에 반해 정욕은 우리의 에로스적인 에너지를 바르지 못하게 분산시킨다는 점에서 잘못된 영성이라고 할 수 있다. 무엇보다 정욕은 우리가 기존에 가진 관계성에 대한 헌신과 책임감 등을 외면하거나 포기한다는 점에서 바르지 못하다. 좋은 성적 관계는 상대방을 배려하며 더 깊은 관계와 새로운 생명의 미래까지 약속하지만, 정욕은 현재 자신의 욕망을 충족하는 일에만 집착한다. "정욕은 '그것'을 원할 뿐이다." 정욕은 제아무리 잘 포장해도 상대를 내 만족을 충족하기 위한 일개 도구로 여길 뿐이다. 정욕은 상대방과의 계속되는 관계성의 깊이와 미래 따위는 고려하지 않는다. 정욕은 그저 '지금 당장'의 나 자신의 욕구에만 충실할 뿐이다.

탐식과 마찬가지로 정욕은 그것을 통해 자기만족과 쾌락만을 이룬다. 거기에는 전심을 다해 하나님을 사랑하고 이웃을 사랑할 수 있는 마음의 순도가 자리할 수 없다. 그런 나누어진 마음에는 오직 나의 자아만이 주인이 된다. 결국, 정욕은 그 마음의 주인의 쾌락을 위해 충성을 다한다. 밥이 하나님나라를 위한 도구가 되지 못하고, '먹는 재미'에 머물 때 문제가 되는 것처럼, 하나님이 주신 에로스적 관계성을 망각한 일회적 쾌락으로서의 정욕은 죄악이 되는 것이다.

정욕의 대가

다윗이 밧세바를 범한 사건삼하11-12장은 정욕의 치명적인 대가를 생생히 전해 주고 있다. 밧세바를 보고 다윗은 주체할 수 없는 정욕으로 다가갔고, 밧세바는 아기까지 갖게 되었다. 이에 다윗은 진영 가운데 있는 그 남편 우리아 장군을 집으로 돌려보내 밧세바의 아기가 다윗 자신의 정욕 때문에 만들어진 아이임을 속이려 한다. 그러나 우리아는 충성스러운 군사였으며, 좀처럼 다윗의 계획대로 움직여 주지 않는다. 이에 다윗은 우리아를 "맹렬한 싸움에 앞세워" 포진시켜 전사하게 한다. 한 번의 주체 못할 정욕의 대가로 다윗은 평소 그의 성품과는 다른 간교함으로 사람들을 다룬다. 젊은 시절 내내 무고한 자신을 광야로 내몰았던 사울 왕조차 건들지 않았던 다윗이, 자신에게 충성스러운 무고한 한 용사를 죽음으로 내몰았다. 밧세바는 남편을 잃고, 그 아기조차 잃게 된다.

순간의 만족을 위한 정욕의 대가는 걷잡을 수 없다. 다윗은 밧세바가 아이를 가질 것을 기대하며 관계를 맺지 않았을 것이다. 다윗은 충성스러운 장군 우리아의 죽음을 염두에 두며 이 일을 도모하지 않았을 것이다. 다윗은 그 참모 요압 앞에 자신의 수치스러운 간교함을 드러낼 생각을 품고 밧세바를 불러들이지 않았을 것이다. 그는 오직 그 순간 자기만족을 위한 정욕에 집중했다. 그것은 밧세바를 위한 지고지순한 사랑도 아니었고, 평생을 통해 깨달은 그의 신앙관이나 정치관에 근거한 것도 아니었다. 그것은 그저 그의 삶의 인생에서 지워져야 할 하루의, 아니 단 몇 시간의 잘못 타오른 불꽃이었다. 그는 그 마음의 불을 잘못 사용한 것이었다.

정욕이 주는 자기만족은 그 쾌락이 지나가고 나서 후회를 남긴다. 이는 분노, 탐식, 나태, 시기심 등과 마찬가지 현상이다. 우리는 자신의 죄악 된 생각이나 행동 가운데도 어느 순간 후회할 시간을 갖게 된다. 그러나 문제는 정욕의 경우, 그 '판'이 너무 커졌다는 데서 후회만으로 일이 수습되지 않는 데 있다. 결국, 그들은 후회를 덮고 자기 합리화의 길을 모색한다. 그렇게 정욕은 합리화를 통해 주변 사람들과 자기 자신을 속이기 시작한다. 자기만족을 위해 도모한 일을 정당화하기 위한 다윗의 약은 수법들은 그가 정말 평소 우리가 알던 다윗이 맞는지 의심하게 한다. 그뿐만 아니라 그는 부하들 앞에서도 자기 때문에 죽은 우리아에 대해 "이 일로 걱정하지 말라 칼은 이 사람이나 저 사람이나 죽이느니라"삼상11:25라고 말도 되지 않는 말로 정당화한다.

정욕의 가장 큰 대가는 이렇게 스스로 눈먼 자가 된다는 데 있다. 후회함으로 쉽게 빠져나올 수 없는 정욕은, 거짓과 은폐로 관계를 더는 수습할 수 없는 지경까지 피폐하게 만들며, 본래의 아름다운 성을 바로 보지 못하게 만든다. 그런 그에게는 계속적인 쾌락을 위한 은밀한 성만이 유일한 만족이 될 뿐이다.

나의 약함을 인정함

정욕은 연약함의 문제이지, 내가 다른 사람보다 특별히 더 악해서 받는 시험이 아니다. 그런 점에서 이 같은 연약함 앞에 우리 스스로 정직하게 현실을 받아들이며 인정하는 일이 무엇보다 중요하다. 육체의 순결과 겸손은 함께 간다. 누구든 겸손을 잃게 되면, 육체의 순결을 유지하기 쉽지 않다. 왜냐하면, 우리의 영이 교만으로 오염되면, 그 육체 또한 교만 가운데 성적인 유혹 앞에 무너져 내리기 쉽기 때문이다. 한 무명의 사막 교부는 다음과 같은 말로 정욕의 유혹을 이겨낼 것을 권면하고 있다: "우리는 망각했기 때문에 정욕의 유혹을 받는 것입니다. 우리가 모두 하나님께서 우리 안에 거하신다는 사실을 기억한다면, 우리는 결코 우리 자신을 하나님이 아닌 다른 것을 채우기 위한 그릇이 되게 하지 않게 했을 것입니다. 우리 주 그리스도께서는 우리 곁에, 그리고 우리와 함께, 우리의 삶을 지켜보고 계십니다. 우리가 그분을 우리 곁에 안고 그분을 묵상한다면, 우리는 그분을 망각하지 않을 것이며, 그분의 거룩하심과 같이 우리 또한 거룩할 것입니다. 우리가 견고한 반석 위에 서 있다면, 악한 세력들은 멸하고 말 것입니다. 두려워하지 마십시오. 정욕은 당신을 해하지 못할 것입니다. 저와 함께 이 시편의 기도를 용감히 외칩시다. "여호와를 의뢰하는 자는 시온 산이 요동치 아니하고 영원히 있음 같도다." 시125.1, 82)

비록 현대의 약육강식의 시장, 자본주의 사회에서 자신의 연약함과 불완전함을 드러내는 일이 쉽지 않지만, 연약함은 감춘다고 사라지는 것이 아니라는 평범한 원리를 기억할 필요가 있다. 가령, 우리가 어떤 음식에 알레르기 반응을 보이면, 그것을 인정하지 않으며, 또 그 음식을 먹기보다는 그 음식을 피하는 편을 택할 것이다. 그것은 그다지 어려운 법칙이 아니다. 약한 것을 인정하며 피해가는 것이 나의 건강을 위해서는 최선의 선택이다. 고집이나 수줍음 따위는 거기 내놓을 것이 못 된다. 영적인 문제 역시 마찬가지다. 내가 정욕의 유혹에 흔들리고 있다면, 무엇보다 우리는 스스로 그것을 인정하며 우리의 약함으로 더는 손상당하지 않는 편을 택해야 한다.

탐식과 마찬가지로 몸의 유혹에 해당하는 정욕의 문제를 해결하려면 우리의 몸을 쳐서 복종케 하는 훈련을 간과해서는 안 된다. 육적 쾌락에 우리의 몸이 지배당하지 않도록, 우리는 금식이나 운동 등을 하는 것이 좋을 것이다. 앞에서도 말한 것처럼, 영의 일과 육의 일은 서로 연관되어 있다. 프레드릭 뷰크너는 정욕과 관련하여 이 점을 다시금 분명히 밝힌다. "그것이 이성애건, 동성애건, 자위건 상관없이 간음 혹은 혼음은 누군가 상처를 입기 전까지 절대 사라지지 않는다는 것이다. 문제는 인간이 어쩔 수 없이 정신과 신체가 하나로 된 구조를 갖고 있기 때문에 몸에 문제가 발생하면 그것이 그 영에도 영향을 미치고, 거꾸로 영에 문제가 발생하면 똑같이 몸에 영향을 미치게 된다는 데 있다."[83]

정욕의 유혹으로 고통받는 수도사에게 알렉산드리아의 교부 사이러스는 다음과 같이 답했다. "만일 네가 유혹을 받지 않는다면, 넌 아무런 소망이 없다. 유혹을 받지 않는다는 건 이미 죄를 범하고 있다는 것을 의미하기 때문이다. 유혹이 올 때 그 유혹과 맞서 싸우지 않는 사람은 이미 그 육신에 죄가 침투한 사람이다. 이미 죄악이 몸 안에 있는 사람에게는 유혹이 찾아올 리 없다." 사막의 교부들은 정욕의 유혹을 숨기지 않았다. 거꾸로 그런 유혹이 찾아왔다는 사실을 인정하는 것이 중요했다. 그들은 정욕의 유혹이 찾아온다고 쉬쉬하거나 없는 척하거나, 열등한 존재로 취급하지 않았다. 유혹은 모두에게 찾아오는 일이며, 영적 훈련이나 분투의 의미는 바로 그 유혹 앞에 맞서기 위함이기 때문이다. 그들은 유혹이야말로 영적 훈련의 산 교과서라고 여겼다. 유혹이 오면, 그들은 그럴 때일수록 맞서 싸워야 하는 일의 중요성을 반복해서 가르쳤다.

바울 역시 "낮에와 같이 단정히 행하고 방탕하거나 술 취하지 말며 음란하거나 호색하지 말며 다투거나 시기하지 말고 오직 주 예수 그리스도로 옷 입고 정욕을 위하여 육신의 일을 도모하지 말라"롬13:13-14는 말씀 속에서 정욕의 유혹에서 분투할 것을 권면하는 가운데 "낮에와 같이 단정히 행할 것"을 주문하고 있다. 모든 사람이 주목하여 볼 수 있는 낮과 같이 늘 단정히 행동하라는 것은 비단 우리의 외모에 대한 지적일 뿐만 아니라, 우리의 은밀한 내면세계에 대한 말이기도 하다. "왕궁을 지키려고 경비병이 항상 밖에 서 있는 것처럼, 정욕의 마귀가 공략하는 것에 대해 우리의 영혼은 항상 무장되어 있어야 한다."84)

폭로의 힘

그러나 정욕의 유혹 앞에 나 자신이 스스로 약하다는 것을 인정하는 것은 우리가 다른 사람 앞에 그것을 고백할 때 완성된다. 사실 우리는 대부분 성과 관련해서 누구의 도움도 받지 않고 자라왔다. 대부분 성에 관한 지식은 음성적으로 얻게 되거나, 그야말로 '주워' 들은 내용이었다. 그나마 요즘은 학교에서 성교육을 시행한다고는 하지만, 성은 여전히 가족 안에서조차 참 부끄러운 주제다. 그래서 우리는 늘 혼자 이 짐을 지고 있다. 그러나 먼저 우리는, 정욕의 문제를 홀로 감당하기에는 우리 자신이 절대 강하지 않다는 사실을 인정해야 한다. 고립된 방 안에서 마음만 먹으면, 육체의 쾌락을 충족하게 할 동영상이나 사진들을 내려받아 볼 수 있는 세상에서, 우리는 자신에게 정직해질 필요가 있다. 과연 난 정욕의 문제에서 자유로운가?

아이러니하게도 오늘날 인간의 정욕을 부추기는 선정성은 고도로 상품화된 소비주의 시장의 모퉁이마다 깔려 있는데도, 사람들은 좀처럼 정욕의 유혹으로 말미암은 어려움을 드러내는 법이 없다. 분노나 탐심, 혹은 탐욕은 스스럼없이 누군가에게 고백할 수 있는 나의 연약함이 될 수 있지만, 정욕은 시기심 이상으로 좀처럼 드러내 고백하기 어려운 죄악이다. 특히 거룩함에 대한 당위성만 있지, 그 거룩함으로 나아가려면 분투해야 할 죄악들에 대해서는 좀처럼 관심을 두지 않는 iChurch 그리스도인들에게 더욱 은밀한 죄악이 되고 있다. 그러나 정욕의 문제에서 그 누구도 자유로운 사람이 없다는 사실을 인정한다면, 우리는 좀 더 우리가 속한 공동체 내에서 정욕의 문제를 솔직하게 끄집어내야만 한다. 신앙의 공동체는 우리에게 믿음과 교제권만을 형성해 주는 역할을 하는 것이 아니라, 죄에서 우리 자신을 보호하는 울타리 역할을 해 주기 때문이다.

사막의 수도사들 역시 홀로 골방에서 영적 훈련을 하는 가운데 정욕의 유혹이 많았다. 이들에 대한 교부들의 한결같은 권면은 정욕의 유혹을 감추려 하지 말고, 그 유혹이 있을 때마다 골방에서 나와 교부들에게 와서 고백하라는 것이었다. "악에게 지지 말고 네 영혼을 지켜라. 정욕의 악마가 너를 괴롭힐 때마다, 내게로 와서 그를 꾸짖으면 물러갈 것이다. 그 어느 것도 정욕의 악마가 공략하는 것을 폭로하는 것만큼 효과적인 것이 없다. 거꾸로 그 유혹을 감추는 것만큼 그를 기쁘게 하는 것이 없다."[85]

내가 가진 성적 연약함을 공동체 앞에서 고백하는 일은, 우리의 공동체를 보다 실제적이게 한다. 여기서 실제적이라 함은 우리가 추상적인 죄악에 대해 분투하는 공동체가 더는 아니라는 말이다. 공동체는 구체적인 나의 연약함을 놓고 함께 기도할 것이며, 놀랍게도 나와 같은 연약함 가운데 있는 이들의 제2, 제3의 고백들이 터져 나올 것이다. 반대로 늘 거룩한 척하며, 빈틈이 없어야만 하는 공동체 안에서 오늘날 많은 사람이 피로를 호소한다. "이상하게 교회만 갔다 오면 피곤해요." 본연의 내가 아닌, 가면을 쓴 나의 모습으로 그럴 듯하게 연기를 하기란 쉽지 않기 때문이다. 표면적으로 적당히 자신을 감추는 가운데서의 '나눔'과 내적 연약함을 솔직하게 내려놓을 수 있는 '나눔'은 공동체의 피로도를 해결할 뿐만 아니라, 서로를 진정으로 돕는 참된 그리스도의 몸을 구현한다.

많은 교회가 부흥을 갈망하며 여러 프로그램을 시도해 보지만, 부흥은 그렇게 오지 않는다. 부흥의 유일한 조건은 상한 심령이다. 우리의 마음이 약하고, 부서졌으며, 죄악 가운데 피폐하다는 사실을 인정하며 나아갈 때에 하나님은 우리를 향해 부흥의 역사를 일으키시는 것이다. "우슬초로 나를 정결케 하소서 내가 정하리이다 나를 씻기소서 내가 눈보다 희리이다… 주의 얼굴을 내 죄에서 돌이키시고 내 모든 죄악을 도말하소서" 시51:7, 9 다윗은 그 자신이 정욕에 굴복당한 사건 이후에 하나님 앞에 자신을 내려놓았다. 어떻게 가능했을까? 다윗 혼자의 힘이었다면, 그는 여전히 자신의 정욕을 정당화했거나, 아니면 홀로 이길 수 없는 싸움을 하고 있었을지 모른다. 그러나 다윗은 혼자가 아니었다. 예언자 나단을 통해 다윗은 자신의 잘못을 깨닫고, 하나님께 돌아올 수 있었고, 자칫 정욕의 늪에 빠질 뻔한 죄악 된 자신의 모습을 회복할 수 있었던 것이다.

믿음의 사람들에게 나아가라. 그들이 나의 정욕의 문제를 해결해 줄 수는 없을 것이다. 그러나 그들은 나와 함께 어둠 속을 밝혀줄 것이다.

또한, 그 만남 속에서, 나의 연약함을 비로소 드러내는 그 만남 속에서 우리는 형식으로 존재했던 우리의 기도를 실제적인 마음과 마음을 잇는 기도가 되게 하며, 우리 안에 영적 분투를 통해 성장시키시는 하나님의 놀라운 섭리를 경험하게 될 것이다. 이렇게 공동체 안에서 정욕과 분투하는 나 자신에게 하나님께서는 "우슬초"로 정결케 하는 성령의 역사를 경험하게 하실 것이다. 마크 조단은 그리스도인들이 성에 대해 보다 더 많은 이야기를 나누어야 한다고 독려한다.[86] 성에 대해 우리가 교회 안에서 좀 더 솔직하게 이야기할수록, 우리는 성에 대한 바른 신학적인 관점과 태도들을 배울 수 있게 된다. 은밀하게 사람들 앞에 감추어진 죄는, 어느 순간 나의 의식 속에서도 죄로 구분되지 않는 고질적인 악습이 되어 우리의 영혼을 황폐하게 한다. 더는 돌이킬 수 없는 상황이 오기 전에, 우리는 믿음의 지체들에게 나아가야만 한다.

10. 맺음말

> 겨울 폭풍 앞에 서지 못하는 나무는
> 열매를 맺을 수 없는 것처럼,
> 우리 또한 우리 시대의 폭풍과 같은
> 수많은 시험과 유혹에 맞서지 않는다면,
> 결코 하나님나라를 상속받을 수 없다. 테오도라, 87)

세리는 멀리 서서 감히 눈을 들어 하늘을 우러러보지도 못하고 다만 가슴을 치며 가로되 하나님이여 불쌍히 여기옵소서 나는 죄인이로소이다 하였느니라 눅18:13

영성의 르네상스라 불릴 만큼, 우리는 그 어느 때보다 영적 성장의 욕구와 그것을 충족하게 할 자원들이 풍요로운 시대를 살아가고 있다. 그러나 수요가 많고 공급이 많다는 사실을, 그 분야의 문제가 개선되고 있는 것으로 너무 성급하게 해석해서는 안 된다. 영성에 대한 현대 그리스도인의 목마름은 종교적 소비주의자들의 소비욕과 구분되지 않는 때가 많다는 점에서 더욱 그러하다. 우리는 이것저것을 새롭게 시도하고, 사들이고, 입어보는 것으로 삶의 만족과 존재감을 대체하는 소비주의자들의 삶의 방식에 익숙한 iChurch 세대라는 사실을 잊지 말아야 한다. 이런 삶의 자리에서는 제아무리 탁월한 영성 훈련이라도, 또 하나의 소모품 내지는 사재기가 될 수 있다.

그런 점에서 iChurch 그리스도인들은 무언가를 더하는 것으로의 영성훈련 이전에, 그들의 삶 깊은 곳에 자리 잡은 죄악들을 직면하고, 그것들에 대해 분투하는 일이야말로 바른 영적 성장을 위한 우선적인 작업이라는 사실을 깨닫는 지혜가 필요하다. 이 책은 그런 맥락에서 사막의 교부들과 수도사들을 통해 형성된 치명적인 일곱 가지 죄악을 현대적인 시선으로 재조명해 보았다.

죄를 직면하는 일은 유쾌하지 않다. 그것이 정치인이나 다른 사람에 대한 죄가 아닌 나의 죄악일 때 더욱 그렇다. 더 깊은 기도와 보다 강도 높은 성경 묵상의 길을 학습하는 일이, 내 마음의 어두운 창고 안에 처박혀 눅눅하며 악취 나는 죄악의 보따리를 풀어놓는 일보다 훨씬 고상해 보일 것이다. 최신의 신앙 서적 한두 권을 정독하는 것으로 나의 영적 성장을 이루었다고 생각하며 살아가는 것이, 독방에서 지루하고 더디게 나의 가면을 벗기고, 나의 내면세계의 감추어진 죄악들을 발견하며, 분투하는 일보다 훨씬 쉬울 것이다.

속도, 효율성, 감각, 즉흥성이 두드러지는 소비주의 시대의 풍토에서 나의 죄악을 대면하며 분투하는 일은 더디며, 비효율적이고, 지루하며, 고되다고 할 수 있다. 그러나 예수께서 명하신 "날마다 자기 십자가를 지고 나를 좇으라"를 성취하려면 죄악에 대한 분투의 길을 피하고는 결코 온전히 이룰 수 없다. 부활의 면류관을 얻는 일에 자기이입이 더 쉬운 이 시대는 부활을 이루기 위한 십자가의 길이 있음을 더 명확히 설명하고 강조하여야 한다. 화려함만을 쫓던 우리의 신앙생활은 신앙의 겨울을 지나는 일을 소홀히 여겨왔다. 사막의 교부 테오도라의 말처럼, 죄악의 유혹과 관련한 신앙의 혹한기를 지나지 않고는 건강하게 열매 맺는 나무가 될 수 없다는 평범한 진리가, 열매는 바라지만 그 대가는 치르기를 꺼리는 이 시대의 그리스도인들과 교회에 새삼 각인되기를 바란다.

특별히 한국 교회가 이 부분에서 좀 더 솔직해지고, 그 책임을 다했으면 하는 바람이다. 어떤 새로운 역사를 이루겠다는 야심과 포부보다는, 혹은 문제가 있다는 날이 선 비판보다는, 차분히 자신의 죄를 목도

하며 애통해하며, 그러한 죄를 이겨내기 위해 힘을 다하는 오랜 경주에 매진한다면, 현재 우리가 그토록 찾고 싶어 하는 새로운 돌파구 내지는 시대의 지표가 되는 교회의 모습은 뜻밖에 쉽게 찾게 될지 모른다.

저자는 이 책에서 오늘날 종교적 소비자들에게 익숙한 '첫째, 둘째, 셋째'와 같은 똑 부러진 답이나 구체적 해결책을 제시해 주지는 못했다. 물론 각 장에서 간략하게나마 저자가 제안한 특정 죄악을 극복하기 위한 훈련들이나 신학적 관점들이 소개되기도 했지만, 그것들이 죄악을 극복하는 '유일한 길'은 아님을 밝힌다. 애당초 그런 맞춤형 해결책이라는 것은 소비주의 시대에 길든 iChurch 그리스도인들의 왜곡된 기대일 뿐이다. 그뿐만 아니라 저자는 그것들을 '특효약'으로 제시하지도 않았다. 죄악과의 분투는 일주일, 삼십일, 사십일 등의 단기간에 그 죄의 뿌리를 뽑을 수 있는 환상에 사로잡힌 길이 아니다. 그리스도인의 분투는 말만큼 그렇게 낭만적이지도 극적이지도 않다. 거듭 말하지만, 분투의 여정은 고되며, 척박하며, 지루하고, 더디다. 오래 견딜 수 있을 때, 거기서 변화의 싹이 피어오른다. 독자들의 그 우직한 분투의 여정을 기대한다.

끝으로 저자는 이 책을 읽는 독자들이 혈기왕성한 투사가 되기를 바라지 않는다는 사실을 노파심 가운데 덧붙인다. 죄악에 대해 분투하는 자의 모습은 투사가 아닌 겸손한 무릎이라 말해야 옳을 것이다. 내 죄악의 실체를 알고, 그것을 극복하기 위해 분투하는 우리의 노력에 하나님을 향한 겸손이 없다면, 우리의 분투는 헛될 뿐이다. 겸손이 부재한 분투는 또 다른 형태의 교만이 되어, 언제든 다시 그 안에서 치명적인 일곱 가지 죄악들이 뿌리를 내리게 한다는 사실을 잊지 말 일이다. 마음을 찢는 애통함과 겸손으로 하나님 앞에 나아갈 때, 하나님께서는 우리를 높이신다.약4:10 그런 점에서 자신의 죄인 됨을 부끄러워하며 차마 눈을 들어 하늘을 우러러보지도 못하며 내내 가슴을 치던 세리의 기도를 우리는 죄악들과의 분투에서 내내 마음에 새겨야 할 것이다. "하나님이여 불쌍히 여기옵소서 나는 죄인이로소이다"눅18:13b

후주

1) 존 오웬, 『죄 죽이기』, 서문강 옮김 (서울: SFC, 2004), 34.
2) 혹자는 이같은 교회사적으로 특정 시대의 특정한 기독교 운동에 관심을 갖는데 대해 우려할 이들도 있을지 모르겠다. 왜냐하면 오늘날 카톨릭 수도원 전통의 뿌리 역할을 하는 운동이 바로 사막의 교부들과 수도사들이기 때문이다. 그러나 그런 우려를 하는 분들께는, 개신교와 카톨릭의 분기점은 11세기 이후였다는 점을 상기 시켜 드리고 싶다. 오히려 종교개혁 이전의 시기를 온통 검은색으로 칠하는 우리의 고정관념들이 오늘날 죄에 대한 무관심과 안일함을 만든 것은 아닐까 반문하고 싶다.
3) Richard Halverson. James Twitchell, *Shopping for God*(New York: Simon and Schuster, 2007), 20에서 재인용.
4) Berry Schwartz, *The Paradox of Choice*(New York: Harper Collins Publishers, 2004), 39
5) Skye Jethani, "iChurch: All We Like Sheep ? Is our insistence on choices leading us astray?" *Leadership*, vol. XXVII(Summer 2006): 28-32.
6) Skye Jethani, *The Divine Commodity: Discovering a Faith beyond Consumer Christianity*(Grand Rapids: Zondervan, 2009), 27-29
7) Jethani, *Divine Commodity*, 27-28
8) Gerald L. Sittser, *Water from a Deep Well: Christian Spirituality from Early Martyrs to Modern Missionaries*(Downers Grove: IVP, 2007), 79 - 80.
9) Athanasius, *The Life of St. Anthony*, trans. Robert C. Gregg(New York: Harper Collins Publishers, 1980), 14.
10) Karl Barth, *Church Dogmatics* 4/2, p.13. Gerald Sittser, *Water from a Deep Well: Christian Spirituality from Early Martyrs to Modern Missionaries* (Downers Grove: IVP, 2007), 81에서 재인용.

11) 디이트리히 본회퍼, 『나를 따르라』, 허혁 역(서울: 대한기독교서회, 1992).
12) Joseph M. Esper, *Saintly Solution to Life's Common Problems*(Manchester, NH: Sophia Institute Press, 2001), 101에서 재인용.
13) William S. Stafford, *Disordered Loves: Healing the Seven Deadly Sins* (Boston: Cowley Publications, 1994), 93.
14) John Chrysostom, *Homiletics*. in 2 Cor. 27, 3-4: PG 61, 588. 다음의 웹싸이트에서 재인용하였다: http://webcache.googleusercontent.com/search?q=cache:-lkXXcYPWYJ:www.miraclerosarymission.org/10thcommandment.html+Envy+arms+u+against+one+another.+We+are+engaged+in+making+Christ's+Body+a+corpse.+We+devour+one+another+like+beasts%22
15) Pope Gregory I, *Morals on the book of Job*, trans. James Bliss(Charleston: Nabu Press, 2010), 31:45.
16) 조지프 엡스타인, 『시기』, 김시현 역(서울: 민음인, 2007), 23.
17) 이같은 시기심의 특정이 잘 묘사된 영화로 「아마데우스」를 꼽을 수 있다. 모짜르트의 천재적인 음악성을 시기하는 살리에르의 시기심은 영화 전반을 장악하고 있다. 그러나 시기심과 관련된 많은 책들이 살리에르의 시기심을 많이 인용하고 있는 바, 본서에서는 생략하도록 한다. 대표적으로 드 영의 *Glittering Vice* 는 살리에르의 시기심에 대해 정확히 묘사하고 있다.
18) http://www.authorama.com/essays-of-francis-bacon-10.html
19) 이에 비교할 때, 그 다음 왕인 다윗의 경우에는 하나님께서 그 외모보다는 마음의 중심을 보셨다는 사실이 부각되고 있다.(삼상16.7; 행 13:22)
20) 현대인들의 자의식과 이에 대한 기독교인들의 바른 자의식에 대한 논의는 헨리 나우엔으로부터 영향 받은 바가 크다는 것을 밝힌다. 특히 나우엔의 오디오 강연록인 Who Are We(Ave Maria Press, 2005) 를 참고하기 바란다.
21) Tim Chester는 최근 우리말로도 번역된 책에서 이와 유사한 표현을 한 바 있다. *You Can Change: God's Transforming Power for Our Sinful Behavior and Negative Emotions*(Wheaton: Crossway, 2010), 24.

22) John Cassian, *The Institutes*, trans. Boniface Ramsey, O.P.(New York: The Newman Press, 2000), 242.
23) 이같은 "지나침" 혹은 "과도함"은 허영심 뿐만 아니라, 다른 여섯가지 죄악 모두에 해당하는 문제라고 할 수 있다. 가령, 성적인 욕구 자체가 나쁜 것이 아니라, 그것의 지나침이 정욕이 되는 것이며, 먹고 싶은 욕구 자체가 나쁜 것이 아니라 그 과도한 욕망으로서의 탐식이 문제인 것이다. 이처럼 일곱가지 치명적 죄악들은 인간의 기본적이며 본능적인 욕구들과 관련된다.
24) Robert E. Sinkewicz, *Evagrius of Pontus*: *The Greek Ascetic Corpus*(New York: Oxford University Press, 2003), 15
25) Augustine, *Confessions*, trans. by Henry Chadwick(New York: Oxford University Press, 1991), 30-32.
26) DeYoung, 69.
27) Christianity Today 찾아볼 것(존 파이퍼, 칼빈주의 예배)
280 *Western Asceticism*, ed. by Owen Chadwick(Philadelphia: The Westminster Press, 1979), 42.
29) Ibid., 53.
30) Henri J. M. Nouwen, *The Return of the Prodigal Son*(New York: Image Books, 1994), 71-72.
31) Gary L. McIntosh and Samuel D. Lima, *Overcoming the Dark Side of Leadership*(Grand Rapids, MI: Baker Books, 2006), 40-41.
32) Joseph M. Esper, *Saintly Solution to Life's Common Problems*(Manchester, NH: Sophia Institute Press, 2001), 4.
33) William Harmless, S.J., *Desert Christians*: *An Introduction to the Literature of Early Monasticism*(New York: Oxford University Press, 2004), 236.
34) Harmless, 237.
35) Chadwick, 169.
36) Scott Bader-Saye, *Following Jesus in a Culture of Fear*(Grand Rapids, MI: Brazos Press, 2007), 34 에서 재인용.
37) *Ibid.*, 34 에서 재인용.

38) *Ibid.*, 34-35.
39) Harmless, 236.
40) De Young, 124-25.
41) Harmless, 237.
42) Chadwick, 212-13.
43) DeYoung, 80에서 재인용.
44) Evagrius Ponticus, *The Praktikos*, trans. John Eudes Hamburger O.C.S. O.(Kalamazoo, MI: Cistercian Publications, 1981), 18-19.
45) 몰입의 문제와 관련해서, 실제로 오늘날 회사원이 평균적으로 한 프로젝트에서 다른 프로젝트로 옮기기까지 머무는 시간이 11분이라는 조사 결과가 있다. 그 조사에 따르면 한 프로젝트에 집중할 때에도 매 3분마다 방해 받는다고 한다. 아울러 한번 방해 받은 일로 다시 원래의 일로 돌아오기까지 걸리는 시간은 25분이라고 한다. 이처럼 평균 8시간 근무하는 기능직에서 1/4은 다른 일로 항상 방해 받는다고 한다. 필요 이상의 정보의 홍수 속에서 살아가는 현대인의 당연한 업보인지 모른다. Jonathan Wilson-Hartgrove, *The Wisdom of Stability: Rooting Faith in a Mobile Culture*(Brewster, MA: Paraclete Press, 2010), 71.
46) Angela Tilby, *The Seven Deadly Sins: Their origins in the spiritual teaching of Evagrius the Hermit*(London: SPCK, 2009), 132.
47) Richard J. Foster, *Celebration of Discipline: THe Path to Spiritual Growth* (San Francisco: HarperSanforancisco, 1998), 1.
48) Chadwick, 85.
49) Evagrius, 17.
50) A.M. Casiday, *Evagrius Ponticus*(New York: Routledge, 2006), 102.
51) Barry Schwartz, *The Paradox of Choice*(New York: HarperCollins Publishers, 2004), 18.
52) 이러한 호소에 대한 반격으로 전 노동부 장관이었던 로버트 라이치는 "언제부터 돈을 쓰는 일이 이 나라의 애국적인 행동이 되었는가?"라는 논설을 워싱턴 포스트지에 기고하였다. George Ritzer, "September 11, 2001: Mass Murder and Its Roots in the Symbolism of American Consumer Culture," in *McDonaldization: Reader*, ed. George Ritzer(Thousand Oaks:

Pine Forge Press, 2002), 209-10.
53) John F. Kavanaugh, *Following Christ in a Consumer Society*(MaryKnoll, NY: Orbis Books, 1981), 34.
54) DeYoung, 101
55) 그런 점에서 부자들 역시 희망직이나. 비록 그들은 많은 소유를 가졌고, 더 많은 유혹에 노출되어 있지만, 그 마음의 습관이 바르게 형성되기만 한다면, 결국 그들은 바늘귀를 통과한 약대가 될 수 있기 때문이다. 실제로 복음서에는 마태, 삭개오, 부자 청년과 같은 여러 부자들이 예수님 앞에 나아와 바늘귀를 통과할 약대가 되기 위해 몸부림쳤던 사실을 기억하자.
56) De Young, 101
57) 부자와 나사로에 대한 고전적 설교 가운데 다음의 책을 주목하라. John Chrysostom, *On Wealth and Poverty*, trans. Catharine P. Roth(New York: St Vladimir's Seminary Press, 1981).
58) Gary Wisby, "Police: Teen Admits Boy Was Killed for New Air Jordans," *Chicago Sun-Times*, April 4, 2005. Skye Jethani, *The Divine Commodity*, 47-48쪽에서 재인용.
59) NBC Dateline, Human Cost Behind Bargain Shopping(Bangladesh, 2005. 32 minutes.)
60) Cassian, 113.
61) De Young, 140
62) De Young, 141
63) 바울은 실제로 고전 6::13과 같은 경우에서, 먹는 문제가 몸의 음란함과 연관됨을 드러내고 있다.
64) Harmless, 246.
65) *Ibid.*, 246.
66) Chadwick, 56.
67) Cassian, 113.
68) *Ibid.*, 122-23.
69) 프랜신 프로즈, 『탐식』, 김시현 역(서울: 민음인, 2003), 42에서 재인용.

70) C.S.루이스, 『스크루테이프의 편지』, 김선형 역(서울: 홍성사, 2000), 100-02.
71) Foster, 55.
72) Tony Jones, *The Teaching of the 12: Believing & Practicing the Primitive Christianity of the Ancient Didache Community*(Brewster, MA: Paraclete Press, 2009), 26.
73) Martin Luther, *Luther's Works*, vol. 21: The Sermon on the Mount(St. Louis, MO: Concordia, 1956), 159.
74) John Wesley, *Works of John Wesley*(Grand Rapids: Zondervan, 1958), 4.94.
75) Andrew Murray, *With Christ in the School of Prayer*(Springdale, PA: Whitaker House, 1981), 101.
76) Augustine, VIII.vii, 145.
77) Confession, VIII.ix. 147-154.
78) DeYoung, 160
79) Frederick Buechner, *Wishful Thinking*(New York: HarperOne, 1993), 107.
80) Ronald Rolheiser, *The Holy Longing: The Search for a Christian Spirituality* (New York: Double Day, 1999), Chapter 1.
81) Rolheiser, 8 에서 재인용.
82) Chadwick, 64.
83) Buechner, 108.
84) Chadwick, 62.
85) Chadwick, 63.
86) Mark D. Jordan, *The Ethics of Sex*(London: Blackwell, 2001), 2
87) Harmless, 441.